Mme OLYMPE AUDOUARD

L'HOMME

DE

QUARANTE ANS

PARIS

E. DENTU, ÉDITEUR

LIBRAIRE DE LA SOCIÉTÉ DES GENS DE LETTRES

PALAIS-ROYAL, 17 ET 19, GALERIE D'ORLÉANS

L'HOMME

DE

QUARANTE ANS

PARIS
IMPRIMERIE BALITOUT, QUESTROY ET Ce.
7, rue Baillif et rue de Valois, 18.

L'HOMME

DE

QUARANTE ANS

PAR

Mᵐᵉ OLYMPE AUDOUARD

PARIS

E. DENTU, ÉDITEUR

LIBRAIRE DE LA SOCIÉTÉ DES GENS DE LETTRES

PALAIS-ROYAL, 17 ET 19, GALERIE D'ORLÉANS

—

1868

L'HOMME DE QUARANTE ANS

CHAPITRE PREMIER

LA DERNIÈRE SOIRÉE DE LUXE D'UN BANQUIER

C'était le 15 janvier. Il faisait un froid de huit degrés ; on ne rencontrait dans les rues que quelques personnes soigneusement empaquetées, le nez rouge, le teint violet, qui marchaient à pas précipités en battant la semelle ; les pauvres mendiants, qu'on voyait abrités sous les portes cochères, avaient les mains si engourdies par le froid qu'ils n'avaient plus la force de les tendre vers vous.

Cette soirée-là était triste et lugubre pour les gens n'ayant ni feu ni vêtements chauds pour se préserver de la bise hivernale ; mais si elle était dure pour la mansarde, elle était joyeuse et brillante pour les privilégiés de la fortune, car il y avait ce même soir cinq grands bals dans Paris. Nous ne nous occuperons ni de celui donné aux Affaires Étrangères, ni de celui donné par la duchesse X..., mais seulement de celui donné par le banquier Marfeld.

Son hôtel était brillamment illuminé, les rayons des mille bougies se faisaient jour à travers les jalousies. Le péristyle était recouvert d'un somptueux tapis ainsi que l'escalier y conduisant ; des fleurs aux riantes couleurs, fleurs écloses dans les serres et qui, souvent, coûtent leur pesant d'or, s'étalaient partout ; toute la valetaille de l'hôtel était sous les armes, culotte courte, escarpins vernis, habit bleu brodé d'or.

L'hôtel était en fête ! Il n'était que huit heures.

Or, comme il est de bon ton de n'aller en soirée qu'à l'heure où il serait plus sage d'en revenir, personne n'était arrivé. Nous en profiterons, si vous le voulez bien, lecteurs, pour faire connaissance avec les propriétaires de ce charmant petit hôtel.

Dans le grand salon d'apparat, une femme belle encore, quoiqu'elle paraisse approcher de la quarantaine, est assise dans un fauteuil. En face d'elle, appuyé sur la cheminée, se tient un homme d'une cinquantaine d'année : ce sont les maîtres de céans. M. et Mme Marfeld. Si leur demeure avait un air de fête ce soir-là, eux avaient l'air peu gai ; on voyait qu'une sombre préoccupation pesait sur leur esprit. Ce n'était pas sans cause ; écoutons plutôt leur conversation :

« Charles, disait la femme, vous ne sauriez croire combien cette soirée m'ennuie. Montrer un visage calme, un regard souriant, trouver une phrase aimable pour chacun, quand on a l'âme en proie à de mortelles angoisses, est un courage au-dessus de mes forces.

— Soyez raisonnable, Julie, cette fête est nécessaire. On sait que j'ai éprouvé trois faillites ; on soupçonne que le restant de ma fortune est placé à Marseille dans deux maisons qui sont aussi à la veille de crouler. Cela tue mon crédit, je ne puis plus rien entreprendre ; il faut donc faire face à l'orage : cette fête fera croire à tout le monde que je suis mieux dans mes affaires qu'on ne le pense. Le crédit me reviendra et la fortune avec. Seulement, je vous conjure, montrez-vous gaie, souriante, plus même qu'à l'ordinaire ; sans cela on dira demain à la Bourse : « Avez-vous vu ces pauvres Marfeld, quelle triste mine ils avaient ?... Décidément, ils sont mal dans leurs affaires ! »

— Oui, je comprends, mon ami, et je vais faire de mon mieux pour me composer un visage de circonstance... Mais avez-vous des nouvelles de ces deux maisons de Marseille ?

— Aucune, j'en attends ce soir. J'ai donné l'ordre à Jean de m'apporter mes dépêches dans mon cabinet ; je profiterai d'un moment où tous nos invités seront occupés, pour aller en prendre connaissance. Vous tâcherez de ne penser à rien, et, je vous en prie encore, de dissimuler votre inquiétude ; songez que, de toutes ces personnes qui, dans une heure, encombreront nos salons, beaucoup sont intéressées à ma ruine, quelques-unes en seraient enchantées. Ma fortune les gêne, excite leur envie ; un homme qui, par sa seule intelligence, son travail, arrive à une brillante fortune a toujours des jaloux, des envieux parmi ceux-là même qui se disent ses meilleurs amis. Ne leur donnons pas la satisfaction de se réjouir dès à présent ; ce sera toujours assez tôt !

— C'est que, voyez-vous, Charles, quand je songe à tout le mal que vous avez eu pour acquérir la position que nous avons, quand je songe que plus de la moitié de notre fortune a été déjà

1.

anéantie par le fait de vos associés, et que ce qui nous en reste est bien en danger d'être perdu aussi; quand je songe enfin que nous n'aurons peut-être plus de quoi donner une dot à notre fille, mon cœur se serre de douleur et d'angoisse !

— Chut! chut! Julie, ne me dites pas cela. Vous savez combien j'aime Clémentine; vous savez que, si j'étais heureux d'avoir amassé cette fortune, c'était surtout en pensant à elle. Et moi aussi je frémis à l'idée que dans huit jours peut-être je serai ruiné, que Clémentine ne sera plus qu'une pauvre fille sans dot que tout le monde dédaignera : tous ces jeunes gens qui se présentent maintenant pour l'épouser s'éloigneront d'elle bien vite. J'ai donc besoin de tout mon sang-froid pour essayer de sauver ma position et je ne veux plus penser à tout cela.

— Vous avez raison, Charles, et vraiment je ne suis pas raisonnable ; je devrais vous donner du courage, et j'en ai moins que vous !

— Taisons-nous, dit le mari à demi-voix, la voilà ! Que la pauvre enfant ne se doute de rien : elle ne connaîtra que trop tôt la vérité. »

Une belle et gracieuse jeune fille venait en effet de soulever la portière du salon ; elle s'avança souriante vers ses parents et leur donna son front à baiser :

« Suis-je jolie, ce soir, petit père? Ma toilette me sied-elle bien? » s'écria-t-elle gaiement.

J'ai dit qu'elle était belle ; non, elle était plutôt jolie, grande, mince, des cheveux châtains, des yeux noirs. Ce qui charmait en elle, c'était l'expression douce et candide de ses grands yeux, le sourire bienveillant et affable de sa bouche un peu grande, aux lèvres un peu fortes, mais ornées des trente-deux dents les plus jolies du monde. Ce qui frappait à première vue c'était un je ne sais quoi répandu sur toute sa personne qui intéressait à elle, et la rendait plus séduisante que la beauté la plus parfaite.

Ce soir-là elle portait une robe en tulle blanc

dont les deux jupes étaient relevées par des roses rouges, une couronne de ces mêmes roses se mariait coquettement avec ses cheveux relevés en bandeaux à l'impératrice et légèrement ébouriffés.

Ses parents la regardèrent tendrement, mais avec une expression de tristesse que la jeune fille surprit au passage; elle eut l'air cependant de ne pas s'en apercevoir et reprit gaiement :

« Tu vas voir, chère mère, comme je vais bien danser le nouveau quadrille; je l'ai appris ce matin. »

Un domestique annonça à cet instant :

« M. le baron et Mme la baronne de Launay. »

Les maîtres de la maison se levèrent pour recevoir leurs invités.

Une heure après, les salons étaient encombrés d'une foule de jeunes femmes aux fraîches et éblouissantes toilettes. Les rois et princes de la finance s'y trouvaient réunis : c'est vous dire que les diamants, les bijoux, y étincelaient. Des

jeunes gens promenaient plus ou moins grave-
ment leurs cravates blanches et leurs habits
noirs, quelques-uns faisaient de l'esprit, mais
ils étaient en si petit nombre que ce n'est vraiment pas la peine d'en parler.

Du reste, comment un homme peut-il avoir
de l'esprit au bal? Il a une cravate trop em-
pesée, des souliers trop étroits; il est forcé de
rester debout cinq heures durant; sur deux
cents personnes, il n'en connaît pas dix, et, sur
dix, il n'en rencontre pas deux !

Je n'ai jamais pu m'empêcher de plaindre de
tout mon cœur le sort malheureux des hommes
dans un salon de bal !

A onze heures, le bal Marfeld était ce qu'on
appelle une cohue, c'est-à-dire que l'on s'y
marchait sur les pieds, que les femmes ne pouvaient faire un temps de danse sans laisser sur
le parquet des lambeaux de leurs robes, ce qui
ne les empêchait pas de dire : « La belle soirée !... »

Clémentine était charmante, elle adressait une phrase aimable à toutes les femmes; elle était gaie, enjouée; toutes les mères la regardaient d'un œil d'envie; les jeunes gens l'entouraient; c'était à qui obtiendrait un mot d'elle, un regard et une contredanse.

Mme Marfeld, suivant les conseils de son mari, fut aussi d'une amabilité sans égale, elle avait fait des efforts inouïs pour dissimuler sa tristesse. A minuit, pourtant, un observateur attentif aurait pu voir qu'elle regardait à la dérobée la porte d'un boudoir donnant dans le cabinet de travail de son mari et qu'elle ne prêtait qu'une attention distraite aux dissertations sur la race chevaline que lui faisait un dandy du Jockey-Club. C'est que son mari, une demi-heure avant, était entré dans ce cabinet et n'en était plus ressorti. Elle se demandait si cette absence prolongée n'était pas un mauvais présage?

Clémentine jetait aussi de temps en temps

un regard furtif sur sa mère, et, voyant que sa
préoccupation augmentait, elle se montrait plus
rieuse, plus prévenante envers tous. Aussi aucun des invités ne parut s'apercevoir ni de
l'absence du maître de la maison, ni de la préoccupation de Mme Marfeld.

A deux heures, le dernier invité prit congé.
Quand la porte fut retombée sur lui, Mme Marfeld poussa un « Ah ! » de soulagement ; sa fille
la regarda avec ses grands yeux humides de
larmes et s'approcha pour l'embrasser.

« Rentre chez toi, mon enfant, lui dit-elle,
j'ai à parler à ton père.

— Mais, petite mère, je ne voudrais pas
me coucher sans lui avoir donné le baiser de
tous les soirs.

— Il est occupé, reprit la mère, tu le déran-
gerais.

— Si peu, si peu ! le temps de l'embrasser
seulement. »

Ceci fut dit d'une voix si câline, avec un regard si suppliant, que Mme Marfeld n'osa plus insister.

Les deux femmes entrèrent dans le cabinet de M. Marfeld. Il était assis près de son bureau, la tête dans ses mains; il ne les entendit pas entrer. Sa fille s'avança sur la pointe des pieds et lui tapa doucement sur l'épaule. Il se leva comme un homme qui sort d'un affreux cauchemar et les regarda d'un air hébété.

« Qu'as-tu donc, petit père? » lui dit Clémentine tendrement.

A sa voix, il secoua la tête comme pour éloigner de sombres pensées :

« Rien, rien, mon enfant ; je m'étais endormi... Mais nos invités ?

— Ils sont enfin partis, » dit Mme Marfeld.

Elle tremblait, la pauvre femme; le front contracté de son mari, sa pâleur, ne lui révélaient que trop qu'un nouveau malheur venait de le frapper. Elle ne voulait pas parler devant Clémentine; pour l'éloigner elle lui dit :

« Embrasse ton père et rentre chez toi, car les jeunes filles ont besoin de sommeil. »

Le pauvre père la prit sur ses genoux, et l'embrassa avec une tendresse fiévreuse. Elle fixait sur lui ses beaux yeux limpides, cherchant à deviner sa pensée. Après l'avoir serrée à l'étouffer sur son cœur, il lui dit d'une voix éteinte et saccadée :

« Oui, oui, ma fille, ta mère a raison, va te reposer. »

Clémentine s'éloigna triste et pensive ; alors Mme Marfeld s'assit près de son mari, et le dialogue suivant s'établit entre eux à voix basse :

« Quel nouveau malheur avons-nous à déplorer? Parlez ! parlez vite ! je me sens défaillir !...

— Rien de nouveau, Julie, calmez-vous.

— Oh ! c'est impossible ! ne me cachez pas la vérité. Votre absence du salon, la sombre méditation dans laquelle vous étiez plongé quand nous sommes entrées, tout, jusqu'à la façon dont vous avez embrassé notre enfant, m'a prouvé que vous aviez reçu une mauvaise nouvelle, peut-être celle de notre ruine complète !

— Soyez raisonnable, Julie. Vous m'avez trouvé plus triste qu'à l'ordinaire, parce que j'attendais de bonnes nouvelles et que je n'en ai que d'insignifiantes ; vous me voyez préoccupé, parce que je cherche une combinaison pour sortir de ce mauvais pas... J'ai besoin d'un peu de calme, de réflexion. Allez vous reposer et laissez-moi à mes calculs. Vers le matin, si je trouve une solution, j'irai prendre un peu de repos. Demain, peut-être, il m'arrivera de bonnes nouvelles, et tout ira mieux que nous le croyons. »

Il se leva et embrassa tendrement sa femme. Elle voulut insister et rester près de lui, mais il lui dit :

« Écoutez, mon amie, nous allons passer notre temps à causer, et mon travail ne se fera pas ; j'ai des lettres à écrire, à dix heures il faut

que je sois chez M. Randon; je ne pourrai pas
prendre quelques heures de repos. »

Cette raison décida Mme Marfeld; elle le
quitta et rentra dans sa chambre.

Lui, une fois seul, remit la tête dans ses
mains, et resta abîmé dans ses pensées; elles
ne devaient pas être gaies, car on voyait par
moments ses doigts se crisper; ensuite, comme
la première fois, il secoua la tête, prit une plume
et écrivit plusieurs lettres Les deux dernières
durent être illisibles, car plus d'une grosse
larme tomba sur le papier. Après les avoir ca-
chetées, il se leva et se mit à arpenter à grands
pas son cabinet.

« C'est mal, bien mal, ce que je vais faire,
balbutiait-il d'une voix entrecoupée par ses
sanglots... Les abandonner dans le malheur,
leur donner ce surcroît de douleur, c'est lâche,
je le sais; mais aussi, voir mon hôtel vendu,
être forcé de me déclarer en faillite, avoir à
supporter mille humiliations, c'est au-dessus

de mon courage… Quelle fatalité ! cinq faillites en trois mois ! Dire que cet hôtel, où j'espérais finir mes jours, va devenir la proie de mes créanciers !… Peut-être seront-ils moins féroces lorsqu'ils n'auront plus à agir que contre ma pauvre veuve et une orpheline… »

Cette dernière idée parut le ranimer ; il essuya ses larmes avec le revers de sa main, prit sur une étagère une boîte en ébène, s'assit et l'ouvrit. Elle contenait deux pistolets : il en prit un qu'il arma et en dirigea la bouche contre son cœur ; son doigt pressa la détente, le coup partit. Au même instant, un cri perçant, terrible se fit entendre, et Clémentine, en simple peignoir de nuit, les cheveux en désordre, le visage couvert d'une pâleur mortelle, se précipita aux genoux de son père.

Mais le coup ne l'avait pas atteint, un léger mouvement avait fait glisser l'arme de côté.

Il la regarda, étonné, effaré, ne comprenant pas sa présence. Honteux d'avoir été surpris

par sa fille au moment de commettre un crime,
il se couvrit le visage des deux mains et se mit
à sangloter... Elle, émue et frissonnante, s'assit
sur ses genoux, lui entourant le cou de son
bras, et lui dit doucement :

« Tu ne m'aimes donc plus, tu ne nous aimes
donc plus, petit père, que tu voulais nous quitter, sans songer au désespoir dans lequel tu
allais nous plonger ? »

Et elle l'embrassa tendrement.

« Écoute, petit père, continua la charmante
enfant, je sais tout ; j'ai tout deviné par quelques
mots que j'ai surpris entre toi et ma mère ; tu
es ruiné, eh bien !... »

A cet instant, Mme Marfeld, les domestiques, entrèrent précipitamment, alarmés par
le bruit de la détonation.

« Pas un mot, père ; laisse-moi parler, » murmura Clémentine à l'oreille de M. Marfeld.

Et s'avançant devant sa mère :

« Ne me gronde pas, petite mère ; aucun malheur n'est arrivé... Ne pouvant dormir, inquiète d'avoir laissé mon père souffrant, craignant qu'il ne se rendît malade à travailler toute la nuit, je suis venue le trouver... Il finissait une lettre. Comme une vraie enfant, j'ai touché à tout, aux pistolets ; je ne les croyais pas chargés... Pauvre père a eu bien peur, il m'a crue blessée... »

Mme Marfeld n'eut pas le courage de gronder ; trop heureuse d'en être quitte pour la peur, elle embrassa son enfant tendrement.

Le père lui jeta un regard reconnaissant. L'homme qui défie Dieu et l'opinion, prend de sang-froid un pistolet pour attenter à ses jours, s'il se manque, il est humilié, honteux.

On congédia les domestiques... Clémentine s'assit auprès de ses parents.

« Je t'ai dit, ma mère, que j'étais venue par inquiétude pour mon père, c'est vrai ; mais je venais aussi pour causer sérieusement ; oui, très-sérieusement, avec lui. Vous êtes là tous deux, écoutez-moi.

» Oh! je ne suis plus une petite fille; hier j'étais encore une enfant : aujourd'hui je ne le suis plus. Je veux avoir voix au chapitre. Nous sommes ruinés complétement; je le sais.

» Eh bien! il n'y a pas là de quoi se désoler. Ne nous reste-t-il pas notre affection mutuelle? Tant que Dieu me conservera mes parents chéris, je serai contente, heureuse. Votre sollicitude, votre tendresse, ne valent-elles pas mieux que des millions?... A vous, ne vous reste-t-il pas votre petite Clémentine, qui vous aime de tout son cœur, et qui sera si heureuse de vous faire oublier cette fortune que vous regrettez tant? »

Ses parents la prirent dans leurs bras et la couvrirent de baisers. Mais, secouant sa petite tête, elle continua :

« Causons sérieusement encore... Car, enfin, voici ce qui se passe : vous vous désolez tous les deux, parce que vous vous dites : Notre pauvre fille va être sans dot! C'est cela, n'est-ce pas?

Eh bien ! c'est à moi d'avoir du courage pour trois. Je t'en prie, petit père, dis-moi là, avec calme et franchement, ta position réelle ? »

En prononçant ces mots, elle était si sérieuse, si décidée, qu'on vit bien qu'elle n'était plus une enfant... Rien ne donne du courage comme d'en voir aux autres. En entendant sa fille parler de la sorte, M. Marfeld se sentit moins abattu, la fermeté de Clémentine lui imposa. Il expliqua sa situation nettement.

La dot de Mme Marfeld sacrifiée, l'hôtel vendu, ainsi que les bijoux et l'argenterie, tous les créanciers pourraient être payés.

« Eh bien ! dit gaiement Clémentine, il n'y a pas de quoi se désoler tant, tu le vois, petit père ; tu ne seras pas réduit à manquer à tes engagements, puisque tu as de quoi payer tout le monde.

— Oui, mais il ne nous restera plus rien, répondit-il tristement.

— Qu'importe ! j'ai mon petit plan pour l'avenir; mais ceci est mon secret. Écris un mot à tous ceux à qui tu dois, et donne-leur rendez-vous pour demain à deux heures. »

M. Marfeld, brisé par toutes les émotions de la nuit, obéit machinalement.

Mme Marfeld, elle aussi, semblait avoir perdu la conscience de sa position; à demi-couchée sur un grand fauteuil, elle ne disait rien et regardait d'un œil terne son mari et sa fille.

Quand les lettres furent écrites, Clémentine les mit dans sa poche. A force d'instances, elle décida ses parents à aller prendre quelques heures de repos, et, embrassant son père, elle lui dit tout bas :

« Jure sur ma tête que tu ne songeras plus à ton vilain projet; que tu n'essayeras plus d'attenter à tes jours. »

Pour toute réponse, elle sentit deux larmes brûlantes qui tombèrent sur son front, et, presque joyeuse, elle rentra dans sa chambre; ne venait-elle pas de sauver la vie de son père?

Voici comment il s'était fait qu'elle était arrivée dans le cabinet de son père au moment où celui-ci exécutait son funeste dessein.

Sous son apparence frivole, Clémentine avait une nature sérieuse et aimante. En voyant le front soucieux de ses parents, qu'elle aimait avec idolâtrie, elle avait cherché à deviner leur chagrin. Comme elle l'avait dit, quelques mots de leur conversation, qu'elle avait saisis au vol, l'avaient mise au courant de tout; alors elle s'était fait cette réflexion : « C'est à cause de moi surtout qu'ils sont malheureux; depuis que je suis au monde, ils m'ont entourée de soins, de tendresse. Leur tâche est finie, c'est à moi de commencer la mienne; à moi à présent de leur rendre l'affection qu'ils m'ont témoignée depuis dix-huit ans; à moi de les soutenir, de les consoler, dans la triste épreuve qu'ils traversent. »

Son courage était grand, car son amour, sa reconnaissance pour ses parents, étaient sans bornes; devant cette noble tâche, l'enfant avait disparu, il ne restait plus que la jeune fille, forte et dévouée.

Cachée derrière une portière, elle avait tout entendu. Malgré cela, pendant toute la soirée, elle s'était montrée rieuse, prévenante envers tous, désirant soulager sa mère dans son rôle de maîtresse de maison, au-dessus de ses forces. Si elle avait insisté pour entrer chez son père, c'est qu'elle devinait qu'un nouveau malheur l'accablait; ses élans de tendresse, sa pâleur, tout fut remarqué par elle; elle était rentrée dans sa chambre tourmentée par un sombre pressentiment : après avoir défait sa toilette et passé un peignoir de nuit, elle ne put résister au désir d'aller retrouver son père; elle était résolue à lui dire qu'elle savait tout; elle espérait le consoler par quelques bonnes paroles. Nous avons vu comment elle arriva à temps pour prévenir un affreux malheur. Son cœur se déchira en voyant combien elle avait été près de perdre son père bien-aimé. Elle comprit alors qu'il lui fallait du courage pour trois, et que l'insouciance de la jeune fille devait faire place à un sentiment plus élevé.

Ce soir-là, elle pria longuement la Vierge Marie, et lui demanda de la soutenir et de l'inspirer. Elle la remercia aussi d'avoir empêché la mort de son père. La religion est un baume divin, qui ranime, fortifie et soutient dans l'adversité ; heureux ceux qui croient et qui cherchent dans la prière la force et la consolation !

Toute la nuit elle ne put dormir, car sa petite tête mignonne et gracieuse roulait mille projets ; pauvre enfant ! elle qui avait toujours eu Barême en horreur !... Enfin, elle s'arrêta à un plan très-sage, quoique sortant d'une aussi jeune tête : comme elle était très-forte pianiste, elle se dit : « Je ferai vivre mes parents de mon talent. Oui, je donnerai des leçons, je jouerai dans des concerts ; nous nous logerons dans un modeste appartement, et je gagnerai assez, je l'espère, pour que nous ne manquions de rien. »

Cette pensée, au lieu de l'attrister, fit briller sur son front un noble orgueil. Traitée jusqu'alors comme un enfant, elle allait acquitter sa dette de reconnaissance ; rien ne pouvait lui convenir mieux.

« Mais tout va être vendu, se dit-elle ; pour payer les créanciers il faut même vendre l'argenterie. Comment allons-nous faire jusqu'à ce que je me procure des leçons?... »

A cette pensée, son front se rembrunit. A la voir tout enveloppée d'une robe de chambre en molleton blanc, couchée sur son lit, accoudée la tête dans sa main, on l'eût prise pour la statue de la Méditation. Mais, tout à coup, gaiement, elle sauta de son lit et courut à son armoire à glace ; elle prit un petit coffret en bois des îles... Elle venait de se souvenir de ses épargnes de jeune fille, de ce qu'elle nommait sa tirelire. Elle l'ouvrit, et, assise sur son lit, elle vida le contenu de toutes les cases sur son drap blanc. Elle battit des mains en voyant que les pièces d'or étaient nombreuses : il y avait deux mille francs.

« Oh! mais je suis plus riche que je ne le croyais! Moi qui faisais si peu de cas de l'argent, qui m'eût dit qu'un jour sa vue me réjouirait tant? Il en est ainsi de tous les biens d'icibas, on ne les apprécie qu'alors qu'on est à la veille de les perdre!... »

Le sommeil la surprit en comptant son or, et le premier rayon du jour, filtrant faiblement à travers ses épais rideaux, la trouva dans cette position. Elle allait sonner sa femme de chambre pour faire rallumer son feu, mais elle se dit : « Demain ne vais-je pas me trouver privée de tout ce luxe, n'ayant plus de domestiques à mes ordres? Autant vaut m'y habituer tout de suite. » Elle se mit donc à allumer son feu de ses blanches et mignonnes mains. Elle ne s'en acquitta pas trop mal; aussi lui vint-il à l'esprit cette pensée philosophique, que l'on n'est jamais aussi bien servi que par soi-même.

Le jeunesse peut être comparée à une de ces

liqueurs des anciens qui répandent dans l'être maintes douces illusions et une chaleur forti-fiante.

Celui qui possède la vraie jeunesse se sent fort contre l'adversité : il lui oppose un front serein, un cœur calme et confiant.

Telle était Clémentine. Cette nouvelle vie qui s'offrait à elle, vie de privations, de dévouement, de travail, au lieu de l'attrister, la rendait presque joyeuse. Elle allait pouvoir enfin rendre à ses parents l'affection dont ils l'avaient comblée jusqu'à ce jour. Après s'être réchauffée, elle s'habilla, et fut surprise de voir qu'il était à peine huit heures. Jamais elle ne s'était levée si matin... Elle s'assura que ses parents dormaient encore ; elle descendit, fit appeler tous les domestiques et leur dit :

« Mes bons amis, vous nous avez servis tous fidèlement ; quelques-uns de vous sont depuis si longtemps dans la maison que, vraiment, ils font presque partie de la famille. Aussi c'est avec un serrement de cœur que je me vois forcée de vous renvoyer tous. »

Une exclamation de surprise répondit à cette phrase.

« Nous renvoyer! mais pourquoi? Qu'avons-nous fait? dirent-ils tous en chœur.

— Rien, rien; la fortune capricieuse et volage est seule coupable, leur dit la charmante enfant avec un triste sourire. Écoutez, mes amis; je vous l'ai dit, vous nous avez tous servis avec zèle; je vous demande un dernier service, donnez-moi vos comptes, je vais les régler, je vous paierai même un mois de plus dans le cas où vous ne trouveriez pas tout de suite à vous placer. Mais quittez tous l'hôtel immédiatement, avant que mes parents descendent. Ils sont tristes, faibles contre l'adversité; je veux leur éviter le chagrin de vous voir partir. »

La valetaille s'inclina, quelques-uns pensant qu'un mois d'avance leur suffirait pour se replacer, qu'ils ne perdraient rien. Les uns faisaient partie de cette catégorie de domestiques ne voyant dans leur maître qu'un maître, ne s'y attachant jamais, quittant le maître le plus bienveillant, le meilleur, pour un franc d'augmentation ; les autres étaient tristes et émus ; une larme perla même sur les cils d'un ancien valet de chambre de M. Marfeld.

Une demi-heure après il furent tous payés. Clémentine dit un mot d'affection ou de regret à chacun d'eux. Quand je dis que tous étaient payés, je me trompe ; il restait Jacques, domestique attaché au service de la jeune fille. Jacques était le fils d'un fermier de la famille Marfeld. C'était un grand et gros garçon fort laid, ayant une tête large et carrée, des mains taillées sur le modèle des battoirs dont se servent les blanchisseuses pour frapper leur linge, un front bas, des cheveux couleur de chanvre qui lui tombaient en grosses mèches sur le cou ; en un mot, il avait une remarquable laideur, tempérée par un air doux, cet air de chien de berger regardant son

3.

maître et attendant, la larme à l'œil, un morceau de pain.

Le pauvre Jacques, plein de bonne volonté pour le travail, n'était pas adroit; il était d'un petit secours pour ses parents, qui, pour cette raison, ne l'aimaient pas et le maltraitaient souvent. Tandis que ses frères avaient des vestes neuves et des gros sous à dépenser le dimanche au village, lui devait porter des vestes et des pantalons rapiécés et en lambeaux. Jamais il n'avait un rouge liard dans son gousset. Rudoyé par ses parents, en butte à la moquerie méchante des gars de son âge, il était devenu misanthrope; on le voyait souvent assis dans un coin, pleurer en regardant avec distraction devant lui. Un jour, Clémentine était venue pour boire du lait à la ferme; elle avait alors douze ans. Jacques, à qui son père ordonna d'aller traire une vache pour servir Mademoiselle, arrivant près d'elle avec son bol de lait, trébucha contre une pierre, et le lait tomba moitié sur la robe, moitié par terre. Son père, furieux, l'envoya à dix pas avec un vigoureux coup de pied.

Clémentine poussa un cri. N'écoutant que son cœur, elle s'élança près de lui. Il était tombé sur une pierre qui lui avait fait un trou à la tête ; elle-même pansa le pauvre Jacques avec son fin mouchoir de batiste ; elle étancha le sang qui coulait de sa plaie, une larme même tomba de ses beaux yeux sur le front du paysan.

Le père, plus brutal que méchant, voulut s'avancer ; mais elle le regarda d'un air de colère, et lui dit :

« Je vous défends de le toucher. Vous êtes un vilain homme ; si mon père vous avait vu, il vous aurait chassé, et il aurait bien fait…

— Mais, balbutia le fermier, c'est un fainéant, Mademoiselle, un bon à rien, qui fait notre désespoir : ça n'est bon qu'à manger et ça ne sait rien faire.

— Eh bien ! dit Clémentine, je me charge de

lui ; je le prends à mon service et lui donne 25 francs par mois. »

Les parents de Jacques furent enchantés de cette bonne fortune, et depuis ce jour il était au service de la jeune fille, soignant ses fleurs, faisant ses courses, nettoyant la cage de ses petits oiseaux. Comme tous ces pauvres parias que la nature s'est plu à rendre disgracieux, difformes, qui ont été bafoués, rudoyés de tous, même de ceux qui les ont mis au monde, Jacques, trouvant enfin une créature, un petit ange, bon pour lui, le traitant avec bienveillance, douceur, s'était profondément attaché à sa bienfaitrice. Clémentine était pour lui une fée, il aurait donné sa vie pour elle ; son désir de lui plaire était si grand que même il était devenu moins gauche, moins maladroit. Les oiseaux de sa maîtresse étaient choyés par lui, parce que sa maîtresse les aimait.

Tel était Jacques, le seul domestique qui n'eût point encore présenté son compte.

« Et toi aussi, mon pauvre Jacques, tu vas me quitter; mais sois tranquille, je te chercherai moi-même une place où tu ne seras pas malheureux.

— Moi, vous quitter, Mademoiselle !... Jamais. » Et deux grosses larmes tombèrent sur ses joues. « Qu'ai-je donc fait pour que vous me chassiez ?

— Mais rien, mon ami; tu es un brave garçon que j'aurais voulu garder toujours; mais, hélas ! nous sommes ruinés.

— Ruinés... Mais alors, raison de plus pour que je reste. Jusqu'à présent vous me gardiez par bonté d'âme, je ne vous étais pas utile; mais à présent, tout rustre que je suis, vous le verrez, Mademoiselle, allez, Jacques vous sera bon à quelque chose.

— Certainement, mon ami; mais il faut nous réduire à la plus stricte économie.

— Tenez, Mademoiselle, demandez-moi de me tuer, le bon Dieu m'est témoin que je le ferai de gaieté de cœur, pour vous plaire ; mais vous quitter ; jamais... Non, j'en mourrais. »

Il cacha sa tête dans ses mains et éclata en sanglots.

Clémentine avait le cœur trop sensible pour n'être pas émue à la vue de l'attachement de ce pauvre garçon ; ses beaux yeux se mouillèrent de larmes.

« Tu es un noble cœur. Puisque tu le veux, tu partageras notre mauvaise fortune, Jacques, et tu ne nous quitteras pas.

— Oh ! merci, merci, s'écria-t-il avec effusion et reconnaissance. Allez, je ne vous coûterai pas grand'chose ; j'ai été, vous le savez, habitué à la dure, un morceau de pain me suffira ; il me paraîtra meilleur, mangé à votre service, que les meilleurs mets chez les autres. Mais vous quitter, à présent que, n'ayant plus tous ces domestiques, je pourrai vous être utile... ça m'aurait fendu le cœur, voyez-vous ; j'en serais mort...

— Faut être bien bête comme ce gros lourdaud, murmurèrent les autres domestiques,
pour vouloir rester au service de gens ruinés...

— Bah ! dit le cocher, moi j'ai servi chez un
monsieur qui a fait faillite trois fois, et à chaque
fois il n'était que plus riche, et nous faisions
meilleure chère, bien sûr, que les créanciers
eux-mêmes. »

Lorsque ses parents descendirent, Clémentine
leur annonça ce qu'elle venait de faire. En la
voyant si courageuse, ils se sentirent plus forts
contre l'adversité.

On se réunit au salon pour attendre l'arrivée
des créanciers convoqués la veille.

Jacques, qui occupait depuis quelques heures les fonctions de valet de chambre, annonça
M. le comte de Verdois.

Pendant qu'ils échangent les premières phrases
de politesse, je veux, lecteur, vous donner quelques détails sur M. de Verdois.

C'était un de ces nobles à demi-ruinés par le

jeu et par les femmes. Il avait un fils unique de vingt-cinq ans, duquel il espérait faire son ancre de salut. Il l'aimait tendrement, le soignait, le cajolait, comme une mère agit avec son fils chéri ; seulement le comte faisait par ambition, par intérêt, ce qu'une mère fait par affection et par tendresse. Froid, hautain, cœur sec, égoïste, aimant le plaisir, la débauche, le comte avait rendu sa femme fort malheureuse. Alors qu'avec l'argent qu'elle lui avait apporté en dot il entretenait avec un luxe princier une danseuse de l'Opéra, sa femme vivait modestement, pauvrement même. Une seule bonne la servait ; ses robes étaient loin d'être aussi belles que celles que portait la femme de chambre de la maîtresse de son mari. Douce, timide de caractère, craignant de s'attirer des paroles dures, elle n'osait se plaindre : elle se contentait de pleurer en silence ! Enfin, Dieu eut pitié d'elle, il la rappela à lui.

Le comte resta veuf avec un jeune enfant

A cette époque, sa fortune était déjà ébréchée. N'ayant plus aucune entrave, il se jeta à corps perdu dans la débauche. Sa vie, des plus accidentées, se divisait en trois parties : le temps donné aux orgies, aux chevaux et aux lorettes. Quelques années après, il était complétement ruiné. Son fils avait à peine quatorze ans.

Il réfléchit sérieusement sur ce qu'il avait à faire. Il ne lui restait que dix mille livres de rentes : pour lui, c'était la misère ! Travailler, occuper un emploi, il n'y songea pas un instant. Il était de ces nobles qui croient qu'il vaut mieux faire des dettes, mourir à l'hôpital, que de travailler : le travail leur paraît un déshonneur pour le nom de leurs ancêtres, nom qu'ils traînent pourtant dans la boue... Heureusement que ces nobles-là deviennent de plus en plus rares. Enfin, ses réflexions le conduisirent à croire qu'au moyen de son fils il referait sa fortune, il redorerait son blason, en l'unissant avec une roturière ayant une dot brillante.

4

Un nom pour des écus! ce marché-là se voit tous les jours. Il se résigna donc. Il vendit chevaux, voitures, hôtel, il se rangea enfin, car il avait encore dix ans à attendre.

Il passa ces dix ans, et, miracle! sur deux cent mille francs qui lui restaient, il n'en mangea que cent... Du reste, le terme de ses épreuves arrivait; son fils Victor avait vingt-quatre ans, de belles moustaches, des yeux noirs fendus en amande; cela, joint au titre de vicomte, le faisait un parti parfait.

Son père ne lui avait pas caché les espérances qu'il fondait sur lui. Il lui avait toujours parlé du mariage comme d'une spéculation; on ne devait commettre la folie de se marier, lui disait-il, qu'alors que l'on avait des dettes. Que la femme fût laide, vieille, méchante, peu importait : on en trouvait d'autres avec la dot de la femme légitime.

Vous allez me dire que ce comte, tel que je le peins, était un triste homme... Eh mon Dieu!

oui, j'en conviens; mais ce qui est plus triste
encore, c'est que Paris fourmille de comtes de
Verdois. Cherchez bien, fouillez votre mémoire,
et vous verrez que vous en avez connu, que vous
en connaissez...

Celui que je mets en scène ne se gênait nul-
lement pour raconter à son fils qu'il n'avait
épousé sa mère que parce qu'elle était riche,
tandis qu'il n'avait plus que son nom, ce qui ne
l'aurait pas empêché d'aller à Clichy; qu'une fois
marié, il avait mené gaiement la vie, laissant sa
femme à son foyer, comme il convient à une
honnête femme.

Avec un pareil père, une pareille morale et
un exemple aussi mauvais, Victor, par un de
ces miracles de la Providence, était pourtant
resté une excellente nature, un cœur naïf, bon :
c'est que les conseils et les sentiments élevés
de sa mère lui étaient restés gravés dans le
cœur. Au moral, il ressemblait à sa mère, et au
physique, à son père.

Il écoutait donc le comte en fils soumis, sans rien répondre, mais dans son for intérieur il était froissé d'entendre la morale de son père. Ses souvenirs confus lui retraçaient l'image de sa mère, à l'air triste et doux, aux yeux rougis. Comprenant alors pourquoi elle pleurait si souvent, il se sentait tout prêt à détester son père. Les caresses, les étreintes fiévreuses de sa mère, étaient pour lui un doux souvenir; tout son amour se reportait vers elle; il allait souvent pleurer sur sa tombe.

Victor n'ayant d'autres parents que son père, sa nature aimante en souffrait : il avait besoin d'aimer et d'être aimé. Tout en étant un fils soumis et respectueux, il aimait peu son père; la vie qu'il lui voyait mener n'était point celle qu'il rêvait!... Il aspirait, lui, à une bonne vie de famille; il espérait trouver une femme au cœur chaste et pur, qu'il aimerait bien tendrement, une femme faite à l'image de sa mère.

Son père, en vue de ses projets, s'était lié

avec de riches financiers; il les cajolait, les choyait, ceux surtout qui avaient des filles à marier.

De ce nombre était M. Marfeld. Ce dernier passait pour un des riches banquiers de l'époque; il avait une fille dont la plus grande qualité, aux yeux du comte, était d'être unique. Donc, il jeta son dévolu sur elle; il présenta son fils dans cette famille, en ayant grand soin de lui recommander d'être aimable pour Clémentine.

Victor suivit, en partie, les ordres de son père; mais il avait pris la résolution de ne point faire la cour à cette jeune fille; épouser une femme pour sa dot, lui répugnait trop. Mais quand il eut vu Clémentine si jolie, si candide, si séduisante par ses grâces charmantes, il sentit que son cœur n'était plus libre, qu'il s'était donné à son insu. Il lutta longtemps contre cet amour : il se disait qu'elle était riche, lui pauvre, et qu'il y aurait indélicatesse de songer à l'épouser, que son amour aurait l'air d'un calcul.

Les raisonnements de son père lui revenaient à l'esprit, et son front rougissait de honte. Il voulut s'éloigner d'elle, mais il y revint plus amoureux. Lorsque Clémentine lui eut dit de sa voix argentine : « Pourquoi êtes-vous resté si longtemps sans venir?... » il sentit tout son courage l'abandonner et se laissa entraîner par son amour avec d'autant plus de bonheur, que la jeune fille avait tout l'air de le payer de retour.

Ceci se passait à l'insu des Marfeld, qui ne se doutaient pas le moins du monde que le vicomte de Verdois faisait la cour à leur fille, et encore moins que celle-ci payait son amour de retour. Il est vrai qu'elle même ignorait encore qu'elle avait donné son cœur.

Le comte de Verdois assistait à la soirée des Marfeld. Le soir, en sortant, il dit à son fils :

« Comment trouves-tu Mlle Marfeld?

— Très-bien, répondit Victor en rougissant.

— Ah! ah! reprit le comte, tu rougis comme une jeune fille. Serais-tu amoureux d'elle, par hasard? Cela tomberait à merveille, car je voulais te dire qu'elle aura, sans doute, une belle dot, qui ferait bien notre affaire. Si tu n'y vois pas d'obstacle, je demanderai sa main à son père demain. »

Victor répondit en soupirant :

« Ah! si elle était moins riche, je serais bien plus heureux! »

Le comte partit d'un franc éclat de rire.

« Oui, oui, c'est cela : tu rêves une chaumière et son cœur. Comment, tu en es encore là, mon pauvre garçon!

» Ce n'est pourtant pas faute de bons conseils, se dit tout bas le père, s'il est encore aussi ingénu. »

Bref, il fut décidé entre eux que le comte irait le lendemain demander la main de Clémentine. Ce dernier était porté à cette démarche par l'interet ; le premier se laissait entraîner à regret par son cœur.

Voici donc pourquoi M. de Verdois rendait visite ce jour-là aux Marfeld.

Mme Marfeld et sa fille étaient dans un petit boudoir à côté du salon, qu'elles quittèrent par discrétion. le comte ayant annoncé qu'il avait une grave demande à faire.

Si ses parents avaient été moins préoccupés, ils auraient pu s'apercevoir qu'à cette phrase une forte couche de carmin s'était répandue sur les joues de leur fille, car elle devinait, elle, la nature de cette grave demande.

Le comte est donc seul avec M. Marfeld. Écoutons leur conversation.

« Oui, mon cher Marfeld, voilà un an que je vous connais ; il me semble que vous avez toujours été mon meilleur ami. Je suis comme cela, moi. Aussi, je vous jure que, lorsque mon fils m'a dit : « Père, j'aime de tout mon cœur Mlle Marfeld, je serais heureux si elle consentait à devenir ma femme ! » je me suis écrié tout de suite : « Et moi je serais heureux d'appeler ce bon, cet excellent Marfeld mon frère. »

— Comment, M. le vicomte aime Clémentine ! s'écria le banquier stupéfait ; mais je ne m'en étais pas aperçu.

— Bah ! est-ce qu'un père voit ces choses-là ! Moi non plus, je ne savais rien de l'amour de Victor pour elle ; mais j'avoue que cela a été pour moi une très-agréable surprise... Voir mon fils entrer dans votre famille me comble de joie, car moi je n'ai pas de préjugés, comme tous ceux de ma caste ; j'aime mieux voir mon fils épouser votre fille, qui est Mlle Marfeld tout court, puisqu'il l'aime, que s'il épousait une marquise qu'il n'aimerait pas. »

M. Marfeld est tant soit peu étourdi de cette brusque entrée en matière, aussi balbutie-t-il :

« Mais, mon cher comte, ça a tout l'air d'une demande en mariage, ce que vous me dites là.

— Mais ça en a l'air et la chanson. Voyons, voyons, je vois que vous tenez à la forme habituelle, mon ami. (Se levant) Monsieur Marfeld, M. le comte de Verdois a l'honneur de vous demander la main de mademoiselle votre fille pour M. le vicomte de Verdois, son fils. »

M. Marfeld se lève, veut aller près du comte ; mais il retombe sur son fauteuil, pâle et ému. Le comte ne comprend rien à l'émotion du banquier; il lui prend la main en lui disant :

« Voyons, mon ami, je comprendrais cela de la part de Mme Marfeld : une mère, voyez-vous, regarde toujours de mauvais œil celui qui vient se mettre de moitié avec elle dans le cœur de sa fille... Mais vous, vous êtes un homme, et un homme, que diable ! n'a pas le cœur si sensible. »

M. Marfeld se remet cependant, il prend alors la main du comte, la serre avec force en lui disant :

« Mon ami, vous êtes un noble cœur, j'ap-

précie toute la délicatesse, la générosité qui
vous porte à me faire une pareille demande
aujourd'hui ; je suis heureux, dans mon malheur, d'avoir pour ami un homme tel que vous :
c'est la joie qui m'a troublé, voyez-vous. Ça
fait quelquefois du mal. »

Le comte ne comprend rien au langage de
M. Marfeld, il se sent inquiet peut-être, et il
reprend :

« Mais, mon cher, je vous jure que je ne comprends rien absolument ni à votre émotion, ni à
ce que vous appelez ma générosité, et encore
moins à votre malheur. Je vous dis : « Mon fils
aime votre fille ; il a un beau nom, peu de fortune ; votre fille n'a pas de titre, mais beaucoup
de fortune... Cela se trouve à merveille, et cela
fera un mariage assorti.

— Ah ! se dit tout bas le pauvre banquier, il
ne sait rien ; il me croit riche.

«Mais, comte, vous parlez de la fortune de
ma fille ; le moment est mal choisi, car aujour-

d'hui même cet hôtel va devenir la proie de mes créanciers... En un mot, je suis ruiné, et ma pauvre Clémentine n'aura plus de dot que sa beauté et ses aimables qualités. Voyez si cette dot vous suffit. »

Il aurait pu parler longtemps encore, le comte était foudroyé...

« Ruiné ! ruiné ! se disait-il tout bas. Quelle chance diabolique j'ai contre moi ! Comment me tirer de là ? car enfin je ne puis lui dire : « Je voulais la dot, une belle dot... Vous êtes ruiné, bonsoir ; je vais chercher ailleurs ma bru... » C'était dur à dire.

Il se leva pourtant, et il dit d'une voix émue :

« Pardonnez-moi, mon ami, j'ignorais votre ruine ; je viens comme un sot vous conter des balivernes dans un moment où, je le comprends, vous devez avoir de tristes préoccupations. Dans ces moments-là on a besoin d'être seul ; je me sauve. Plus tard nous reparlerons de cela.

En attendant, croyez à ma sympathie et à ma sincère amitié. »

Sans attendre qu'on lui répondît, après avoir serré une main qu'on ne lui offrait pas, il s'esquiva en murmurant : « Je m'en suis tiré avec esprit. »

Resté seul, M. Marfeld se dit : « Ah ! le monde ! le monde ! c'est une triste chose ! Bien sot est celui qui croit à une amitié désintéressée...

» Hier, ma fille était fêtée, recherchée ; aujourd'hui, elle est dédaignée. »

CHAPITRE II

LE PÈRE ET LE FILS

Suivons le comte de Verdois chez lui, où il rentrera assez déconfit. « J'ai fait un pas d'écolier, se dit-il. »

Son fils l'attendait avec l'impatience d'un amoureux qui va recevoir la nouvelle de son bonheur. En voyant l'air déconcerté de son père, il pâlit et lui dit :

« On vous a refusé la main de Clémentine ?

— Mon cher, donne-moi un fauteuil et laisse-moi respirer, je te conterai cela après.

— Voilà un fauteuil, mon père ; mais, de grâce, dites vite.

— Voyons, es-tu sérieusement amoureux?

— Oui, mon père, j'aime Clémentine de toute mon âme, et je serais bien malheureux si l'on me refusait sa main.

— Mais qui te dit que l'on te refuse?...

— Ah! je respire; vous m'avez fait peur; tenez, le cœur me bat.

— Allons donc! est-ce qu'un homme doit avoir le cœur si sensible?... Est-ce qu'un homme d'esprit mêle mariage avec amour? L'amour, vois-tu, mon fils, c'est une chose, et le mariage, c'en est une autre. De nos jours, le mariage est une association où chaque partie tâche de tromper l'autre; le tout est de n'être pas la dupe... Les pères des jeunes filles se font passer pour riches afin de bien marier leurs filles; les pères des jeunes gens font la même chose. Une fois l'association consommée, alors que les deux associés se frottent les mains de satisfaction d'avoir mis dedans la partie adverse, ils s'aperçoivent qu'ils se sont dupés mutuellement, et alors... Ah ! alors, reproches, querelles, s'installent en tiers dans le mariage. Il y a un autre genre d'association, c'est celui que je recherche pour toi. L'un a un nom, des quartiers de noblesse, mais pas le sou ; l'autre a un nom roturier, mais des écus, qui, pour être roturiers, n'en sont pas moins très-appréciés.

— Mais, père, que signifient ces phrases ? hélas ! je les sais par cœur ! Vous êtes sorti pour aller demander la main de Clémentine pour moi, eh bien ! je vous en conjure, répondez, M. Marfeld m'accepte-t-il pour gendre, oui ou non ?

— Mon Dieu ! je crois qu'il serait très-heureux de t'avoir pour gendre ; c'est moi qui ne veux plus de sa fille pour bru, et qui le lui ai fait comprendre avec toute la politesse et la délicatesse possibles.

— Vous ne voulez plus de Mlle Marfeld pour bru, dites-vous..... Et pourquoi, s'il vous plaît ? »

5.

Victor articula cette phrase d'une voix émue et saccadée.

Le comte lui répéta mot à mot sa conversation avec le banquier... Arrivé à la manière dont il s'était retiré, un sourire de satisfaction erra sur ses lèvres, sourire qui voulait dire : « Ai-je été assez diplomate pour me tirer de ce mauvais pas ?... »

Il regarda son fils, mais son sourire s'envola en voyant son air sévère et grave : on aurait dit un juge toisant un accusé... Il y eut un moment de silence... Enfin Victor se leva, fit quelques pas dans le salon ; ensuite, venant se placer devant son père, il lui dit avec une amère tristesse :

« Est-ce bien vrai, mon père, que vous avez fait cela ?... est-ce bien vrai ?... Oh ! dites-moi que c'est une épreuve que vous avez voulu me faire subir. Dites-moi que, lorsque M. Marfeld vous a annoncé sa ruine, vous lui avez tendu la main, en lui disant que, plus que jamais, vous lui demandiez la main de sa fille, et que le malheur qui le frappait vous faisait désirer encore plus cette union... Dites-moi vite cela, père !

— Mais, pour dire une pareille chose, il aurait fallu que je fusse triplement fou, mon fils. Depuis longues années, je caresse pour toi un riche mariage, mariage qui nous rende le luxe que nous n'avons plus, et tu veux que je persiste à demander la main de la fille d'un homme, alors que cet homme m'avoue qu'il est ruiné ?

— Mais vous n'avez donc pas réfléchi qu'en agissant comme vous l'avez fait, vous avez dit clairement à cet homme : « Ce n'est point votre fille que mon fils enviait, c'est sa dot... Je venais vous vendre ce titre, dont je suis si fier, pour quelques mille livres de rentes... Vous n'avez plus d'argent;... vous êtes malheureux; adieu; je vais proposer mon marché à un autre!... »

— Tu tournes cela d'une façon un peu brutale. Du reste, Marfeld a trop d'esprit pour n'avoir pas bien pris la chose... Il sait bien que, si le faubourg Saint-Germain s'allie au faubourg Saint-Honoré, c'est qu'il a un blason à redorer; sans cela, pour prendre femme, il ne passerait point les ponts... »

Victor était indigné, et il faisait de vains efforts pour réprimer sa colère. Il reprit, en se contenant: « Mais vous n'avez donc pas songé que j'aime Clémentine, que j'estime ses parents, et que je tiens à leur estime, et que, partant, je ne veux pas qu'ils croient un instant, un seul instant, entendez-vous, que je partage votre manière de voir?...

— Victor, Victor, vous oubliez à qui vous parlez...

— Pardon, père... j'aime, je souffre... Si jamais dans votre vie votre cœur a battu pour un noble et pur amour, souvenez-vous-en et soyez indulgent pour moi.

— Oui, je serai indulgent; je veux même,

mon fils, t'aider à te guérir de cet amour. Ce soir même, je t'emmène en Italie... »

Il voulait éloigner son fils par prudence.

« Partir... me guérir de mon amour, que dites-vous, père ?...

Et Victor se redressa et fixa sur son père un regard clair, limpide, où une ferme résolution se lisait... « Mais n'avez-vous donc pas compris que j'aime Clémentine ?... que je suis heureux qu'elle soit sans dot ? Car à présent mon amour n'a plus l'air d'un calcul, et que je vais à l'instant dire à M. Marfeld que je le supplie de m'accorder la main de sa fille... »

Le comte, en entendant ces paroles, se leva comme un lion blessé par une balle imprudente, ses yeux lancèrent un éclair de colère... Victor ne broncha pas ; il répondit à son regard courroucé par un regard assuré et calme.

« Vous ne ferez point cela, Victor ; je vous le défends !

— Père, je vous ai toujours obéi comme un

fils soumis doit le faire, il me serait pénible de vous désobéir... J'espère que vous deviendrez plus raisonnable et ne mettrez pas plus long-temps en ligne de compte le bonheur de votre fils avec quelques sacs d'écus... J'ai donné mon cœur : si j'épousais une autre femme, je ne l'ai-merais pas et je serais malheureux.

— Baste ! ricana le comte, je n'étais point amoureux de votre mère, et pourtant je n'ai point été malheureux avec elle ! »

Ces paroles s'enfoncèrent comme un trait aigu dans le cœur du vicomte. Je l'ai déjà dit, le souvenir de sa mère était vivace dans son esprit, il l'aimait, il la pleurait, il avait pour elle ce tendre sentiment du fils pour celle qui l'a mis au monde... Jamais le plus tendre des pères n'est aimé autant par un enfant, par un fils surtout, qu'une mère... Et lorsqu'un homme est mau-vais mari, alors qu'il fait une victime de celle qui lui a confié sa vie, son bonheur, alors qu'il lui fait répandre des larmes de désespérance, qu'il se dise : « Ces petits anges, qui sont mes enfants, qui, à présent, vont, boudeurs et attristés, sécher sous leurs baisers les larmes de leur mère ; qui semblent, par leur petit regard courroucé, me demander pourquoi je fais du chagrin à celle qu'ils aiment plus que tout au monde... un jour, alors qu'ils seront grands, ils se souviendront de ces larmes, et ce souvenir diminuera le respect et l'affection qu'ils me doivent. »

Rarement un mauvais mari est chéri de ses enfants...

Cette désaffection est un châtiment que Dieu lui impose.

Victor répondit au comte, et dans sa voix l'on devinait un reproche :

« Si vous, vous n'avez pas été malheureux, ma pauvre mère, elle a été malheureuse ! »

A son tour le père fut blessé.

« Qu'en savez-vous, Monsieur ? Qui est-ce qui vous donne le droit de me parler ainsi ?

— Ce que j'en sais !... D'abord, mes souvenirs me retracent encore sa figure pâle, amaigrie, ses yeux rougis par les larmes... Ensuite, j'ai lu, moi, ces pages que vous, peut-être, n'avez pas lues... ces pages où elle épanchait son cœur, alors que vous la laissiez seule au logis pour aller gaspiller avec des femmes, de ces femmes qui n'ont ni cœur ni esprit, l'argent qu'elle vous avait apporté en dot... »

Il alla à un secrétaire, en sortit un petit cahier de papier couvert d'une écriture fine et élégante et le tendit au comte ; ensuite il prit son chapeau et sortit, laissant son père muet de colère et peut-être aussi de honte.

Il se demandait comment Victor, si doux, si soumis, avait pu lui tenir un pareil langage. Il ne savait pas combien l'amour seul transforme un homme, lui qui n'avait jamais aimé.

CHAPITRE III

Pension des Oiseaux.

Mon père est venu me voir aujourd'hui avec
un monsieur... Ce monsieur a été très-aimable
pour moi !... C'est singulier, c'était la première
fois que je le voyais, et pourtant il me semblait
que déjà je l'avais vu !... Mon petit calepin, se-
ras-tu discret?... N'iras-tu pas livrer le secret
que je te confie... secret que je n'oserais dire à
aucune de mes compagnes et pas même à mon
père? Eh bien ! je crois que c'est lui... lui, mon
idéal, celui que souvent, dans mes rêveries, je

voyais auprès de moi, me parlant tout bas, tout
bas, un doux et tendre langage qui faisait battre
mon cœur!...

Puisque je te dis tout, mon petit calepin, je
t'avouerai que, l'an passé, j'ai fait une grande
sottise, car mon confesseur m'a grondée très-
fort... J'ai pris dans la bibliothèque de mon
père un petit volume à couverture vert tendre,
je l'ai caché dans ma poche, et, le soir, alors
que tout le monde dormait, je l'ai lu.

Or, ce livre parlait d'un beau jeune homme à
moutache noire, aux yeux bleus, au regard voilé,
et d'une jeune fille, comme moi, toute jeune, que
l'on traitait encore comme une enfant; ce
beau jeune homme l'avait rencontrée un jour
dans une forêt : son cheval s'était emporté (quel
désir cela m'a donné de monter à cheval !); lui
s'est trouvé là, il a arrêté son cheval, il lui a
sauvé la vie, et, depuis ce jour, ils se sont aimés, seulement en cachette des parents, ce que
j'ai trouvé mal... car pourquoi se cacher? Ce

n'est pas mal d'aimer, il me semble : mon père aimait bien ma mère ! Je m'en souviens encore : avant qu'elle fût morte, mon père était toujours près d'elle ; il lui baisait les mains, il lui disait qu'elle était son bonheur... Enfin, mon héros voyait en cachette sa belle adorée, comme il l'appelait ; il lui apportait de belles fleurs, il lui disait de si belles choses, qu'en lisant ces pages je me suis sentie toute troublée et je me suis dit : « Est-ce qu'un jour un beau jeune homme me dira aussi les mêmes mots d'amour?... Que je serai heureuse ! comme je l'aimerai !... »

Depuis ce jour, mon volant, ma raquette, n'ont plus eu de charmes pour moi, j'ai compris que je devenais une grande demoiselle, que je n'étais plus un enfant... Et bien souvent, alors que mes compagnes folâtraient, étourdies et rieuses, moi je restais assise à l'écart... ce qui fait qu'elles se moquaient de moi... Mais, moi, je n'y faisais pas attention, je causais avec un inconnu... un

idéal, car j'ai lu dans ce livre que toutes les jeunes filles avaient un idéal... Eh bien ! le mien
ressemblait au portrait de l'amoureux de mon
roman : il était grand, mince, avait une fine
moustache noire, des yeux bleus de mer... Aujourd'hui, en voyant ce monsieur, qui était avec
mon père, j'ai senti que mon cœur battait, que
je rougissais, car il m'a semblé que c'était mon
idéal qui se présentait à moi, non plus en rêve,
mais en chair et en os, et mille fois plus séduisant que dans mon rêve...

Que j'ai dû lui paraître gauche et sotte ! car
j'étais toute confuse... Je ne savais que dire...
Pourtant, j'ai entendu qu'il disait tout bas à mon
père : « C'est une jolie enfant... » Mais, je l'a-
voue, cette épithète d'enfant m'a déplu... Non,
Monsieur, je ne suis plus une enfant ; j'ai seize
ans, juste l'âge de mon héroïne, et je ne joue plus
ni à la raquette ni au volant...

Reviendra-t-il ? . . . .

. . . .

Il est revenu... Avec quel battement de cœur je m'étais rendue au parloir!... Je me suis sentie rougir quand la sœur tourière m'a dit : « Votre père vous demande... » Je me disais : « Y sera-t-il?... » Je ne sais vraiment pourquoi, mais, s'il n'y avait pas été, je crois que j'en aurais pleuré... Mon petit calepin, ne va pas me trahir, au moins!... Mais, vois-tu, je l'aime!... Il est si beau, avec ses cheveux plus noirs que l'aile du corbeau, ses moustaches frisées, et ses yeux ! Ah! ses yeux me troublent; je ne puis soutenir leur regard, et alors même que les miens sont baissés, quand ils sont fixés sur moi, je sens que mon front se colore et que mon cœur bat plus vite... Il a causé avec moi, il m'a parlé musique... Je lui ai dit que je l'aimais beaucoup... « Vous seriez bien contente alors, m'a-t-il dit, si vous pouviez tous les soirs, assise dans une bonne loge aux Italiens, entendre cette musique douce et vibrante et ces rossignols que l'Italie nous envoie?

6.

— Oh oui ! lui ai-je répondu, car il paraît que ce théâtre est bien beau ! Une de mes amies y a été l'an passé, pendant les vacances, et elle nous en a dit des merveilles...

— Eh bien ! vous aussi, vous irez à ces vacances-ci, » m'a-t-il dit en souriant.

J'ai regardé mon père et lui ai demandé : « Vrai, petit père, vous m'y conduirez?... »

Le baron de Verdois (car il est baron !) a souri et m'a dit :

« Si votre père ne veut pas vous y conduire, il ne tiendra qu'à vous que je vous y conduise. »

Lui m'y conduire !... Mais alors je suis restée toute confuse et n'ai su que lui répondre. Il a dû me trouver bien gauche, bien niaise ! Cette idée me désole.

En partant, il m'a pris la main très-galamment et me l'a baisée. Ce baiser m'a toute bouleversée. Pourtant ça ne doit pas être mal, père était là... Il n'a rien dit... Il a même souri..,

Mais que faire, que devenir?.., Il m'a dit en

partant : « A dimanche prochain ! » Huit jours,
c'est bien long... Moi, qui étais si heureuse, si
contente l'an passé ici... comme je m'y ennuie à
présent !... Mes compagnes me boudent, je ne
veux plus partager leurs jeux... Fi donc ! jouer
à des jeux d'enfant !... Les grandes m'appellent
cachottière, parce que je ne leur dis rien. Clémence, ma meilleure amie, m'a dit hier :
« Voyons, Jenny, qu'as-tu ? Depuis quelque
temps tu rêves toujours, assise dans un coin...
Tu as un air tout drôle. Ce n'est pas naturel...
Chaque fois que la sœur tourière vient dans la
cour, tu te lèves bien vite tout effarée, et lorsque
tu vois que c'est une autre que l'on demande,
tu deviens triste. »

Je n'ai su que répondre. J'ai balbutié un mensonge, et, comme je sais que c'est très-laid de
mentir, je suis restée toute honteuse. Clémence
m'a quittée fâchée, en me disant : « C'est bien,
Mademoiselle, puisque vous avez un secret pour
moi, je ne vous parlerai plus. »

Cela m'a fait de la peine, car je l'aime beaucoup ; mais, pourtant, je ne pouvais pas lui dire la vérité : elle se serait moquée de moi...

CHAPITRE IV

Que de choses à te confier, mon cher petit calepin ! Je ne sais par où commencer. Il faut que
je te dise tout, car mon cœur déborde : il lui faut
un confident indulgent et discret comme toi. Je
vais te conter des choses surprenantes.

D'abord, je l'ai revu !... et il m'a apporté un
gros bouquet superbe, tout de grosses roses
blanches. Ai-je été fière en emportant mon bouquet ! Toutes les élèves m'ont entourée. Elles
m'ont dit : « Ah ! le beau bouquet ! qui donc te
l'a donné ? »

Et comme je n'osais dire : « C'est un monsieur, » Hélène, qui était au parloir en même
temps que moi, a dit : « C'est un jeune homme
qui est venu la voir avec son père. »

« Un jeune homme ! » se sont-elles toutes ré-
criées en me jetant un regard d'envie. Ce bouquet m'a rendue heureuse ! car j'ai lu dans ce roman, que quand un homme aime une jeune
fille, toujours il lui donne des fleurs. Oui, mon
cœur tout bas me dit qu'il m'aime. Il a pour moi
un si doux regard... Vois-tu, mon calepin,
fidèle confident, j'en suis sûre, il va me demander en mariage. Je ne sais trop pourquoi, mais
ce mot m'effraye... le mariage. Pourtant, ça ne
doit pas être très-effrayant... L'autre année, une
grande a quitté les Oiseaux pour se marier à un
général. Il était vieux et pas très-beau ; elle était
heureuse. Je me souviens toujours avec quel
air fier et triomphant elle nous a dit : « Mesde-
moiselles, je vous dis adieu ; je quitte le couvent... je me marie ! »

Il est vrai que je l'ai revue ces vacances dernières. Elle n'avait plus l'air si gaie. Oh! non!
elle était toute pâle, tout ennuyée... Avait-
elle changé! On aurait dit que ses lèvres avaient
perdu l'habitude de sourire... et avec quel soupir elle m'a dit : « C'était un bon temps pour
moi que celui où j'étais avec toi, ma petite Jenny ;
au couvent, va, mon enfant, restes-y le plus
longtemps possible, et marie-toi le plus tard
possible!... » Je n'ai pas trop su alors ce que cela
voulait dire... Mais à présent que me voilà
grande fille, je comprends qu'elle n'est peut-être
pas heureuse... Son mari est vieux, laid... Le
mien est jeune, il a tout au plus trente ans ; il
est distingué... Quelle tournure élégante il a!...
Serai-je fière de lui donner le bras!... Moi aussi
je vais quitter le couvent.... Père m'a dit de me
préparer, que son intendant viendrait me chercher jeudi, et que je ne rentrerai plus.

« Te voilà une grande demoiselle à présent,
ma petite Jenny, a-t-il ajouté ; tu vas venir tenir

ma maison pour t'y habituer. » J'ai dù laisser voir toute ma joie, car lui m'a dit : « Vous êtes heureuse, n'est-ce pas, de quitter cette vilaine prison? »

J'ai répondu : « Oui, » en baissant les yeux, car j'avais peur qu'il y lût la pensée qui avait occasionné ma satisfaction... A la maison de mon père, d'abord, je n'aurai plus ce vilain costume de pensionnaire, qui n'est pas seyant du tout et qui vous fait par trop ressembler à un enfant. J'aurai de belles toilettes qui m'iront bien. Car, c'est étonnant, moi qui ne m'étais jamais préoc-cupée si j'étais laide ou jolie, eh bien! à présent, je me surprends à consulter la glace, lui demandant de résoudre ce problème : Suis-je laide ou jolie?... A force de la consulter, elle a fini par me répondre que j'étais... allons, soyons franche, personne ne lira ces lignes... que j'étais jolie!... Cela m'a bien fait plaisir, et à cause de lui... Mai j'ai hâte qu'il me voie habillée, non plus en pensionnaire, mais en demoiselle... et,

à la maison de mon père, peut-être viendra-t-il
plus souvent me voir.

.   .   .   .

C'est demain que je quitte le couvent... Voilà
la dernière nuit que je passe dans ma cham-
brette... C'est curieux! mais j'ai été si ravie
d'abord, et, à mesure que le moment de mon
départ approche, je me sens le cœur gros...

. Quitter ces bonnes religieuses!... elles ont été
si bienveillantes pour moi, sœur Euphrasie surtout! Elle était presque mon amie... elle m'encourageait, alors que j'étais effrayée par une
difficulté à vaincre; elle m'aidait même, si un devoir m'embarrassait; si j'étais triste, elle me disait de si douces paroles, que bien vite j'oubliais
mon chagrin... Et mes compagnes!... elles ont
partagé mes études, mes jeux, pendant sept
ans!... les quitter pour toujours me chagrine...
Cette bonne Clémence! si souvent elle m'a dit :

« Je t'aime, vois-tu, Jenny, comme si tu étais ma sœur!...» A-t-elle pleuré aujourd'hui, quand je lui ai annoncé mon départ! Moi aussi j'ai pleuré... Mes larmes obscurcissent encore mes yeux, pendant que j'écris ces lignes...

Ce couvent, que j'appelais l'autre jour une vilaine prison... Oh! j'étais une ingrate!... N'y ai-je pas été heureuse pendant sept ans?... Mes plus grands chagrins y ont été une fâcherie avec une amie... une punition... Jamais je n'y ai versé de larmes bien amères... un mot, un regard, les changeait en éclat de rire... Et puis, c'est ici que j'ai appris tout ce que je sais... Ces bonnes dames ont eu bien du mal pour orner mon esprit... Ne pas les regretter serait une noire ingratitude... Et toi, ma petite chambre, tu m'as abritée sept ans; tu as vu l'enfant se transformer en jeune fille; tu as été témoin de mes rêves ambitieux.

Aurai-je des premiers prix?... Me verrai-je couronnée?..... Et comme, la veille de la distribution, je dormais peu! comme j'étais inquiète, agitée!... C'est ici que j'ai lu, tremblante qu'on ne me surprît, ce roman, mon premier...

Oui, cher couvent, je ne sais pas ce que la vie me réserve ; elle me paraît tout en rose... et cependant je te quitte avec des larmes dans le cœur et dans les yeux... Ici, religieuses, élèves, étaient des amies pour moi... dans le monde, en aurai-je?...

Me voilà chez mon père. Comme je ressemble peu à la petite pensionnaire des Oiseaux! J'ai de belles robes, j'ai presque l'air d'une dame ; ces toilettes me vont bien et j'en suis contente, car je veux qu'il me trouve jolie.

Mon cher petit calepin, si tu savais combien je suis heureuse! Chaque jour je le vois. Il passe de grandes heures là, près de moi; il murmure à mon oreille des mots d'amour qui inondent mon âme de bonheur. Que c'est bon d'aimer!

O mon Dieu! merci d'avoir dans votre inépuisable tendresse pour nous, laissé tomber sur cette terre cette fleur du ciel, douce et enivrante, que l'on nomme amour!

Mon cœur s'ouvre avec ardeur à ce nouveau sentiment : aimer, être aimée, quel monde de joie, de bonheur, recèlent ces deux mots!

Il est si bon, si beau, mon Charles! son esprit est si brillant et si cultivé! Comment ne pas l'aimer?

Sa voix devient si harmonieusement douce quand il me dit :

« Tu es belle et je t'aime bien, ma petite Jenny! »

Quels beaux projets d'avenir nous faisons! Quelle bonne vie à deux nous allons mener!

Hier il me disait :

« On prétend que les maris n'aiment leur femme qu'un temps, les premières années; moi, voyez-vous, je sens que mon cœur est à vous pour la vie. Vous voir heureuse, et heureuse par moi, voilà mon rêve. Je veux être le modèle des maris. Vous n'aurez qu'à exprimer un désir, non, pas même à l'exprimer, je le devinerai.

« Si le monde vous plaît, eh bien! nous irons dans le monde; si un jour il vous lasse, nous vivrons chez nous, en tête-à-tête. C'est si bon le tête-à-tête avec celle que l'on aime! et je vous aime de toutes les forces de mon âme. »

En me disant cela, ses yeux me regardaient brillants de tendresse, ses lèvres couvraient mes mains de baisers.

Oui, il m'aime bien! Et moi donc! Je l'aime tant, que je ne sais pas le lui dire.

Quel avenir charmant! Vivre pour un homme qui nous adore et vivre de son amour !

C'est là le bonheur, un bonheur si grand qu'il me fait peur.

Son amour est ma vie à présent, car je

7.

sens que, s'il venait à me manquer, je mourrais...

C'est demain que je me marie; ma blanche
toilette est là, je l'ai essayée. C'est drôle, elle me
va bien, elle est luxueuse et coquette : eh bien !
lorsque je m'en suis parée et que j'ai été me
voir à la glace, je me suis trouvée pâle, si pâle
que je me suis fait l'effet d'une morte. Cela m'a
tellement impressionnée, que je me suis évanouie. En revenant à moi, il était là, à genoux
devant moi ; son bon sourire a dissipé le voile
de tristesse que m'avait laissé cette impression.
Mais cette nuit j'ai fait un mauvais rêve. C'est
ridicule à avouer, je crois aux rêves. Le mien
me fait l'effet d'un pressentiment. Non, j'ai tort ;
c'est une folie : il m'aime tant, il est si doux, si
bon, il ne saurait me rendre malheureuse !

Voici ce que j'ai rêvé, il faut que je te le confie, à toi, mon discret petit calepin.

J'étais vêtue de ma blanche toilette de mariée ;
j'étais agenouillée dans une église ; lui était sur
un prie-Dieu à côté de moi ; une foule nous en-
tourait, j'entendais bourdonner un chant lugubre. Un prêtre, un anneau sur un plateau, me
disait : « Voulez-vous cet homme pour époux ? »
J'allais dire oui, mais soudain une voix douce
murmura à mon oreille : « Dis non, le malheur
serait ton lot avec lui. »

Interdite, je regarde mon futur époux ; c'était
lui et ce n'était pas lui : une expression froide,
hautaine, méchante, rendait ses traits, si bien-
veillants et si gracieux, tout à fait méconnaissa-
bles. Alors je m'écriai : « Non, non, je ne veux
pas l'épouser ! » Une voix diabolique fit entendre un ricanement infernal et dit : « Trop tard,
ma belle enfant ; tu as dis oui à la mairie, tu es
liée jusqu'à la mort à cet homme. » En même
temps il me prit les mains : les siennes avaient
ce froid que doivent avoir les morts, froid qui
me donna le frisson. Il passa à mon doigt un an-

neau. Et de toutes parts j'entendis d'affreux éclats de rire, et des voix qui disaient : « C'est fini, bien fini, tu es sa femme. »

La voix qui m'avait murmuré tout bas : « Dis non, » me redit : « Pauvre Jenny, console-toi, dans cinq ans je romprai ta chaîne et viendrai te chercher. »

Je me suis réveillée la tête en feu, et dans un frisson de fièvre. Il me semblait sentir encore le contact de cette main glacée.

Je sais bien qu'on ne doit pas croire aux rêves, que je suis une grande enfant ; mais, malgré moi, ce rêve m'attriste. Charles est venu aujourd'hui, il m'a trouvée moins gaie qu'à l'ordinaire ; je n'ai osé lui en dire le motif.

Quelle singulière chose ! mon rêve m'a tellement frappé l'imagination, qu'il m'a semblé voir encore sur ses lèvres le mauvais sourire que j'y avais aperçu cette nuit.

Je l'aime, tu le sais, toi, mon confident ; je crois aussi à son amour, rien ne peut me faire douter de lui; tout semble me promettre un avenir heureux; mon père m'a choisi lui-même ce mari, il le connaît depuis longtemps; toutes les chances sont pour moi, dans cette union; eh bien! ce maudit rêve m'a jeté du noir dans l'âme.

Si j'osais, je dirais à mon père : « Pas demain, plus tard! Retardez, je vous en supplie, ce mariage. »

Mais il me demanderait la raison qui me fait désirer ce retard. Si je lui racontais mon rêve, il se moquerait de moi.

Demain! demain, je serai sa femme, liée à lui pour la vie. Cette pensée me serre le cœur. Allons, je suis folle. Qu'est-ce qu'un rêve, après tout? Une hallucination de l'esprit...

Je t'ai bien négligé, mon cher petit calepin; depuis longtemps je n'ai pas songé à toi.

Me voici mariée depuis un mois.. Quel changement s'est opéré dans ma vie pendant ces trente jours !... Mélange de peine et de plaisir, il paraît qu'il en est toujours ainsi ici-bas ; les joies succèdent aux ennuis, et réciproquement.

Dans les dernières lignes que j'ai tracées sur tes petites pages blanches et mignonnes, je parlais de mon rêve... Maudit rêve ! il m'a bien tourmentée, et son souvenir n'est pas encore effacé de mon esprit.

Le jour de mon mariage, je me suis levée assez contente. La veille au soir, mon futur était venu ; il avait été si aimable, il paraissait si heureux de voir arriver le jour de notre union, il m'a paru si épris, que je me suis dit : Comme j'ai été folle de m'inquiéter d'un songe ! Ah ! bien certainement je serai avec lui la plus heureuse des femmes...

Mais au moment de me parer de ma robe blanche, de ma couronne de fleurs d'oranger, j'ai senti mon cœur se serrer. Une fois habillée, je me suis vue dans la glace... La même illusion

s'est reproduite : je me suis vue pâle, blême,
comme une morte qué l'on vient de recouvrir de
son froid suaire... Et, alors qu'à l'église, agenouillée sur mon prie-Dieu, j'étais émue des
paroles que venait de prononcer le prêtre,
qu'il s'est avancé nous présentant l'anneau nup-
tial bénit, et qu'il m'a demandé : « Consentez-
vous à épouser M. le baron de Verdois ? » j'ai
entendu, mais là, très-distinctement, la même
voix murmurer à mon oreille : « Dis non. » J'ai
perdu la tête, j'étais folle d'épouvante... Qu'ai-je
répondu ? je l'ignore... je n'avais plus conscience
de rien... Pourtant il paraît que j'ai dit *oui*, car
j'ai senti une main glaciale, dont le contact m'a
donné un frisson, prendre ma main et me mettre
au doigt l'anneau... Alors, instinctivement, j'ai
regardé mon époux, je lui ai vu cette même expression diabolique que je lui avais vue en rêve...
et cette fatale phrase : « Pauvre enfant, tu seras
bien malheureuse ; mais dans cinq ans je viendrai te chercher... » retentissait à mon oreille.

On m'a entraînée dans la sacristie. J'étais à moitié morte... « C'est l'émotion du bonheur, disait-on... » Hélas! non, c'était l'effroi, la crainte...

Pourtant mon époux m'a entourée de soins, de prévenances et d'amour... et je l'aime de toute mon âme... Aussi, vraiment, je me dis que je suis folle de faire attention à des hallucinations pareilles.

Un chagrin est encore venu altérer le ciel de ma lune de miel... Charles m'a emmenée habiter chez lui, et mon père est parti pour vivre dans sa terre de Lussac... Voir partir mon père... rester seule dans ce grand Paris, où je ne connais presque personne, m'a profondément attristée.

Et puis, comme je pleurais après son départ, mon mari m'a dit brusquement :

« Allons, qu'est-ce que c'est qu'un enfantillage pareil? Croyez-vous par hasard que toutes les femmes ne restent pas avec leur mari... et

qu'elles vivent constamment sous l'aile paternelle ? »

C'était la première fois qu'il me parlait ainsi…
Aussi, je me suis sentie plus triste encore…

Il me mène au bois, au théâtre, dans le monde.
J'aimerais pourtant mieux rester plus souvent
chez moi et causer avec lui, mais je n'ose le lui
dire… Je ne sais pourquoi, mais avec lui je me
sens timide… Il est vrai qu'il n'est plus avec moi
comme il était avant !… lorsqu'il n'était que
mon futur. — Il me semble que ce n'est plus le
même homme ; sa voix, qui me paraissait si
douce, est à présent brève, rude parfois.

CHAPITRE IV

Ah! j'avais bien raison de considérer mon rêve comme un pressentiment... Je n'ai pas dix-huit ans, il y a à peine sept mois que je suis sa femme... et déjà il ne m'aime plus... que dis-je? il ne m'a jamais aimée.

Son amour était une comédie... Il m'épousait, moi pauvre bourgeoise, pour redorer son blason... pour payer ses dettes, et pour avoir de quoi continuer sa vie de désordre et de débauche... Et moi qui l'ai aimé... moi qui ai cru à son amour!... Le cœur peut donc se tromper!

Hélas! mon cher petit calepin, toi qui as été le

confident discret de mes joies de jeune fille, des premiers battements de mon cœur... je vais à présent noircir tes pages de tristes pensées. Mon cœur est plein d'amertume ; tu seras celui à qui je confierai tout ; car à mon pauvre père je suis forcée de montrer un visage calme et souriant ; il est déjà si désolé de s'être, lui aussi, laissé tromper par le baron de Verdois !

Voilà comment ces grands seigneurs se marient !... Il y avait deux mois que nous étions unis, quand, jetant par hasard les yeux sur un journal de droit, j'ai lu qu'une femme poursuivait le baron de V... en paiement d'une somme de trente mille francs qu'il s'était engagé à lui donner si elle lui faisait épouser une fille ayant six cent mille francs de dot.

Voici ce qu'elle disait à l'audience :

« Le baron de V... est venu et m'a dit : « Je » n'ai plus le sou, j'ai des dettes : il faut que je » me marie. Trouvez-moi un riche parti, et je » vous donnerai 30,000 francs. »

» Je lui ai promis de m'en occuper.

» Huit jours après, je lui ai écrit de passer chez moi ; je lui ai dit : « J'ai votre affaire, une » jeune fille qui est encore aux Oiseaux et qui » aura plus de 600,000 francs de dot, et bien » davantage après son père. Je vous fournirai » le moyen de faire la connaissance du père. » C'est un bon bourgeois, il sera flatté de se lier » avec un baron, encore plus de l'avoir pour » gendre ; avec un peu d'audace, vous parvien- » drez à épouser la jeune fille. Ne laissez pas » soupçonner que vous avez des dettes, conti- » nuez de mener grand train. Vous paierez tout » avec la dot. »

» J'ai tenu ma parole, je lui ai fait connaître le père, il a épousé la fille, et il refuse de me payer les 30,000 francs, alors que voilà plusieurs lettres qui prouvent qu'il s'était engagé à me les compter. »

Ce nom de baron de V..., cette jeune fille encore aux Oiseaux, me frappèrent ; l'idée que mon mariage, peut-être, s'était fait ainsi, et que moi, pauvre enfant naïve et simple, j'avais cru à son amour, me fit monter le rouge de la honte et de l'indignation au front.

« Mais, me disais-je, après tout, cette initiale peut désigner une autre personne. Pourquoi accuser injustement?» Je voulus en avoir le cœur net. Quand Charles est rentré, je lui ai dit, en lui montrant le journal : « Voyez donc, mon ami, est-ce possible qu'un honnête homme, qui porte un nom honorable, qui a un blason, puisse faire du mariage, la chose la plus sainte, un marché pareil?» Il a jeté les yeux sur le journal, a pâli, puis rougi, et m'a dit brutalement: « Je suis peu disposé à recevoir de la morale de Madame! »

C'était lui !

Ah ! mes illusions, vous vous êtes bien vite envolées! Mon bon ange, c'était vous, bien sûr, qui étiez venu me dire en rêve : « Dis non. »

Hélas! j'ai dit oui ! Quel avenir m'est réservé?

Je le vois plein de désespérance. Mais vous avez dit : « Dans cinq ans je viendrai te chercher. » Oh ! vous tiendrez votre promesse, n'est-ce pas ?

Mon père est venu la semaine passée. Il a eu bien des discussions avec mon mari, qui, il paraît, ébrèche l'argent de ma dot. Moi, j'ai peur des discussions, et puis cela fait du mal à mon pauvre père. Pour apaiser sa colère, je lui ai dit : « Qu'importe l'argent ? il me rend heureuse.

— Est-ce bien vrai, fillette ! m'a demandé mon père.

— Oui, » ai-je répondu en l'embrassant pour qu'il ne vît pas la rougeur que ce mensonge faisait monter à mon front.

Quand je pense à ce futur si doux, si amoureux, si empressé, et que je considère mon mari froid, indifférent avec moi, me laissant seule ici, rentrant à deux ou trois heures du matin, je me dis : « Est-ce là le même homme ? »

Oh ! mon cher couvent, que je te regrette !

Là-bas j'avais des amies, bonnes, aimantes ; ici, je suis seule ! Les femmes que je vois dans le monde, qui m'appellent de ce doux nom, ne sont pas des amies, je le sens ; leur sentiment est fardé tout comme leur figure.

Quelle vilaine chose que le monde vu de près !

. . . .

. . . .

L'autre soir il avait fait dire qu'il ne rentrerait pas dîner. Mon père était à Paris avec un de mes oncles ; ils sont venus me voir. Me trouvant triste, ils m'ont emmenée dîner avec eux dans un restaurant. Dans le cabinet à côté nous entendîmes des éclats de rire, des voix bruyantes. C'était, nous l'avons compris à leur langage, de ces femmes que l'on nomme lorettes. Tout à coup leur porte s'est ouverte à un nouveau venu ; l'une d'elle a dit :

« Enfin, te voilà, Charles ! Tu es en retard : est-ce ta femme par hasard qui t'a retenu ?

— Allons donc, ma femme! Avec ça que je vais me gêner pour elle. »

J'ai tressailli : c'était la voix de mon mari.

Comme moi, mon père et mon oncle l'ont reconnue aussi, car ils se sont regardés et puis m'ont dit :

« Quittons ce cabinet, allons dans un autre; nous sommes mal avoisinés; tu entendrais des choses que vraiment une femme honnête ne saurait entendre.

— Non, je veux rester. »

Je suis restée, en effet. Mon Dieu! que j'ai souffert! il était là, tenant un langage... Quel langage!

Il était avec une femme, sa maîtresse. Elle lui a demandé un collier de perles.

« Si tu es gentille, je te le donnerai, lui a-t-il dit, au risque de m'attirer encore des reproches de mon papa beau-père.

— Allons donc! a-t-elle répondu. Ce bon bourgeois devrait être trop heureux d'avoir un

gendre baron, et il doit payer ce titre sans lé-
siner. »

Mon père était pâle de rage. Craignant qu'il
ne se portât à quelque extrémité, moi-même je
l'ai entraîné loin de ce voisinage odieux.

Voilà donc l'homme auquel je suis liée pour
la vie !

Le mariage est, hélas! une chose terrible;
c'est une loterie effrayante. Se sentir liée à un
homme que l'on ne peut plus aimer, pas même
estimer; se dire : cet homme m'a trompée; il a
joué la comédie pour me faire croire à son
amour; il m'a juré que son seul désir était de
me rendre heureuse, et son seul but était de redorer son blason avec ma dot... Maintenant qu'il
la possède, il n'a plus même, pour moi, ces
égards qu'un galant homme doit avoir pour la
femme dont il a fait sa compagne; il dilapide ma
fortune avec de viles créatures, et moi, je reste
seule avec ma douleur, avec la froide désespérance.... Adieu, rêves d'avenir, de bonheur;

adieu, douces chimères, douces illusions de mon jeune cœur... Adieu... Mon Dieu! soutenez-moi, donnez-moi la force et le courage pour supporter le sort qui m'est échu en partage!

.   .   .   .

.   .   .   .

Dieu a écouté et exaucé ma prière : dans deux mois je serai mère! Mon cœur tressaille de bonheur ; je vais avoir un petit être frais et rose à aimer, à soigner ; il me sourira, me tendra ses petits bras. Je suis si heureuse, que je pardonne à mon mari toutes les larmes qu'il m'a fait verser ; oui, je vais être mère!... Quelle suavité, quel monde d'ineffable bonheur renferme cette phrase?

Charles a l'air heureux, lui aussi; il est meilleur, plus attentionné pour moi ; j'en ai la douce espérance, quand j'aurai mon enfant, il redeviendra ce qu'il était : pourrait-il ne pas aimer la mère de son enfant?

.   .   .   .

Mon cher petit calepin, mon confident discret, je t'ai bien négligé ; voilà huit grands mois que tu étais là, enfermé dans un tiroir... Tant de choses se sont passées depuis... Je suis mère !... Oh ! comme je suis fière de mon fils ! il a six mois à peine, et déjà il me connaît, il me sourit, il me tend ses mignons petits bras. Par moment on dirait qu'il s'essaye à balbutier ce doux mot : Mère !... Le cœur des enfants, dès cet âge-là, a déjà le pressentiment de tout l'amour qui brûle le cœur de celle qui leur a donné le jour... Un enfant appelle sa mère, pleure pour la quitter, tend ses bras vers elle, qu'il ne connaît pas même son père. Mon beau petit ange doit peu connaître le sien, car, hélas ! Charles est presque toujours absent ; il passe ses nuits au cercle, il perd des sommes folles. J'en frémis à présent, car c'est la fortune de mon fils qu'il gaspille ; mon fils, à qui je voudrais laisser une fortune immense. Il sera bon, loyal, il n'aura pas le cœur de son père, s'il en a les traits.

Voilà ce que je demande tous les jours à Dieu...
Quelle chose bizarre que le cœur!... Charles
s'est bien mal conduit... Je suis jeune, belle,
dit-on; il me délaisse; il a des maîtresses à qui
il jette à pleines mains mon or, tandis que pour
moi il est d'une parcimonie ridicule. Eh bien,
au fond de mon cœur, je l'aime. N'est-il pas le
père de cet enfant, qui est ma joie, ma consolation, ma vie? car sans lui je mourrais. Cette vie
sans affections me tuerait. Souvent je me dis : Il
m'a aimée, il est bon au fond; son esprit est
seul égaré; à force de tendresse, d'amour, je le
ferai revenir à moi, je le forcerai à oublier cette
vie folle et dissipée. Entre lui et mon fils quelle
heureuse vie je mènerais.!... Le cœur palpitant
d'espérances, je vais le trouver, j'arrive les yeux
pleins de tendresse, mon cœur en déborde...
Son accueil froid, son sourire sardonique, me
glacent... Oh! que je souffre alors... Les désil-
lusions font un mal affreux... Je prends mon
fils, je le presse dans mes bras, je le couvre de

9

larmes et de baisers. Pauvre ange ! il a l'air de me comprendre, ses petits yeux me regardent avec une expression d'étonnement et de tendresse ; il a l'air de me dire : « Pourquoi pleurer ? ne suis-je pas là, moi ? Aime ton fils et oublie ton époux indigne de ton affection... »

Mon père est venu la semaine passée ; il a voulu me faire séparer de mon mari. J'ai hésité, essayant de mentir et de lui persuader que j'étais heureuse ; mais il ne me croit plus, son affection paternelle ne peut plus être trompée : si souvent il me trouve seule, les yeux rouges !

Il m'a demandé, au nom de mon enfant, de me séparer, me disant que mon mari dissipait follement ma dot. Mais, si je me sépare, quelle sera ma position dans le monde ? Le sort que la loi fait à la femme séparée est bien triste ! Ah ! si le divorce existait ; si je pouvais dire à mon mari : « Monsieur, vous m'avez trompée ; vous m'avez épousée en me promettant de me rendre heureuse, et vous me délaissez ; vous êtes dur, brutal pour moi; vous allez porter votre amour à une autre femme, qui en est moins digne que moi. J'ai vingt ans à peine, j'ai besoin d'un guide dans la vie, d'une bonne et vraie affection; vous avez fait connaître l'amour à mon jeune cœur, et puis vous l'avez laissé là, lui retirant le vôtre... Ce cœur, jeune, ardent, a besoin d'aimer, d'être aimé; l'amour est un baume consolateur que Dieu nous a donné pour nous soutenir, nous consoler ici-bas : j'en demande ma part. Vous ne m'aimez pas; vous m'avez lâchement trompée; je ne puis ni vous estimer ni vous aimer : divorçons; vous pourrez alors continuer sans remords votre vie de plaisir et de folie... Moi je chercherai un homme bon, loyal, dont le cœur s'entende avec le mien; je l'épouserai, lui demandant de me donner le bonheur que vous m'avez refusé. »

Mais je ne pourrai pas, hélas ! lui dire cela... La loi est terrible, implacable : si, trompée par votre cœur, par les apparences, par l'hypocrisie d'un homme, vous dites ce : Oui..., c'est fini, votre vie est liée pour toujours!... et cela quelque soit l'homme à qui le sort, le hasard, la fatalité, vous ait unie... C'est terrible de penser à cela!...

La séparation, à quoi mène-t-elle? C'est le veuvage et la solitude, sans la liberté de disposer de son cœur.

Dans le monde, une femme séparée se trouve placée dans une situation fâcheuse ; la position que lui fait cet état de choses n'est pas tolérable.

J'aime donc mieux subir mon triste sort, boire jusqu'à la lie toutes les amertumes, toutes les déceptions de ma malheureuse union ; j'en mourrai, je le sens, car une vie sans amour est une affreuse chose. Mon cœur a soif d'affection, d'amour; sans amour, il s'étiolera, quelque chose me le dit, je mourrai jeune... Ce rêve, cette vision que j'ai eu la veille de mon mariage, me revient souvent à l'esprit... Eh bien! loin de m'effrayer, cela me console... Que ferais-je ici-bas ?...

Ah! la douleur me gâte le cœur. Et mon fils!...
Pardon, cher petit ange, ne me restes-tu pas!...
Oui, pour toi, j'aurai la force de supporter la
vie; tes grands yeux sont humides de tendresse
alors qu'ils se fixent sur moi; déjà, je le sens,
ton petit cœur bat pour ta mère... Va, elle aussi,
elle t'aime bien; elle n'a que toi à aimer ici-bas...
Tu seras bon, toi, n'est-ce pas?... tu n'iras pas
un jour tromper lâchement une femme, lui jurant
un amour éternel! Tu n'iras pas, par un vil calcul d'argent, tromper une pauvre et naïve enfant,
pour ensuite la laisser seule, isolée, sans joie et
sans bonheur!... Non, tu ne feras pas cela, mon
beau chérubin; car c'est mal, bien mal!

Peut-être un jour ces lignes te tomberont-elles
sous les yeux; je ne serai plus, mon corps repo-
sera sous la froide pierre sépulcrale, mon âme
se sera envolée vers un monde meilleur: eh bien!
que ces lignes, tracées par moi dans ces heures
de découragement profond, t'apprennent à être
bon et loyal; écoute un conseil de ta mère, et

9.

suis-le, si tu veux que du haut du ciel elle te bénisse : ne te marie jamais par calcul ; que l'appât d'une dot ne te séduise pas ; dis-toi ceci :
« Cette jeune fille m'aime, elle…, moi je ne pourrais l'aimer ; si je l'épouse, c'est pour m'appro-
prier sa fortune ; je ne saurais la rendre heureuse, c'est une vilaine action que je commet-
trais, je lui volerais sa part de bonheur ici-
bas.»

Attends, pour unir ton sort à une femme,
que tu rencontres une jeune fille à qui ton cœur
se donnera entièrement ; étudie ses goûts, son
caractère ; vois s'il pourra y avoir sympathie
entre vous ; consulte longuement ton cœur,
et ne t'unis à elle que lorsque, la main sur ta
conscience, tu pourras te dire : « Je l'aime et
la rendrai heureuse. »

Lorsque tu auras trouvé cette femme-là,
qu'elle soit riche ou pauvre, noble ou non,
épouse-la. Mais si tu as aimé ta mère, en souvenir de sa tendresse, ne fais jamais un mariage

de calcul, quand même ton père te l'ordonne-
rait.

. . . .

. . . .

. . . .

Mon Dieu, ayez pitié de moi !... quel trouble,
quel enfer, quelle ivresse sans nom, mugissent
dans mon cœur !

Ce cœur déborde, il lui faut un confident ;
sois-le, ô mon discret calepin.

Après avoir tracé ces dernières lignes : « Conseils à mon fils lorsqu'il sera un homme, » je
suis restée bien longtemps sans songer à rien
écrire sur tes petites pages ; l'ennui m'accablait,
il jetait un voile de langueur et de somnolence
sur tous mes membres ; je passais de grandes
heures, étendue sur un divan, à ne penser à
rien : ma pensée allait dans le vide. Mon mari
restait des huit jours sans venir ; nous restions
de grands mois sans échanger une parole ; mon
enfant seul ramenait le sourire sur mes lèvres

glacées. Pauvre mignon! je m'étais aperçue que ma tristesse gênait sa gaîté ; aussi, pour lui, je me privais de le voir aussi souvent que je l'aurais désiré.

Je vivais donc sans pensées, sans joie, sans douleur, abrutie presque... Un jour!... c'était à Bade, il y a deux mois, j'étais allée là avec mon père, qui, effrayé de cet état de noir marasme, voulait me distraire ; j'étais dans une salle de jeu, le cliquetis de l'or frappait mes oreilles distraites, mes yeux considéraient machinalement les physionomies, les unes avides de convoitise, les autres mornes de désespoir, de tous ces tenteurs de fortune. Tout-à-coup, mes yeux rencontrèrent les siens!... mon cœur tressaillit sous le coup d'une étrange commotion... Je ne connaissais pas cet homme, et pourtant son regard faisait battre mon cœur... Sans doute lui aussi me voyait pour la première fois, et cependant, dans ses yeux je lisais clairement un aveu.

Quelle surprenante chose que l'amour, et

comme il s'impose à nous brusquement et au moment où nous pensons le moins à lui !

Car j'aime, j'aime ardemment Gaëtano, sa voix douce et vibrante me charme, ses mots d'amour répandent en tout mon être un bonheur ineffable que je n'avais pas connu encore.

Comme j'étais là fascinée par son regard brûlant, un ami s'est avancé pour me saluer, alors il s'est rapproché vivement de ce monsieur qu'il connaissait aussi, et il s'est fait présenter à moi. C'est le chevalier Gaëtano Rosalio.

Depuis, je le vois souvent, il s'est fait présenter à mon père pour que nous puissions nous voir plus librement. Je sais qu'un amour violent s'empare de mon cœur, et je n'ai pas la force d'y résister ; c'est si bon d'aimer et d'être aimée !

Hier nous sommes allés faire une longue promenade à cheval. La brise fraîche du matin caressait mon front brûlant... mon cœur battait avec force... j'aspirais l'air à pleins pou-

mons; je me sentais vivre d'une vie nouvelle!...
Non! je n'ai pas vécu jusqu'à ce jour... Est-ce
vivre que de vivre sans aimer?...

Une joie folle inondait mon âme; tantôt je
lançais mon cheval à fond de train, riant de la
peur que je lui faisais; puis, le ramenant au
pas, j'écoutais en souriant ses tendres reproches
sur mon imprudence... Mais mourir à présent
serait un bonheur pour moi; j'aime, je suis
aimée!... Il pleurerait sur ma tombe, sa voix
aimée viendrait dans le calme du cimetière
s'entretenir avec moi; ses accents adorés feraient, j'en suis certaine, frémir de bonheur
mon cœur glacé... Oui, mourir là, sous ses
yeux, dans ses bras, ce serait le bonheur!...
Pouvoir lui dire, en rendant le dernier soupir:
« Gaëtano, je t'aime!... » Car alors je pourrais
le lui dire; à ce moment suprême, ma chaîne
serait brisée; en face de l'éternité, toutes les
barbares lois de la terre ne peuvent plus exercer
leur tyrannie sur nous!... Que la campagne est

belle, lorsqu'on a le cœur rempli d'un chaud et brûlant amour!... Pour la première fois de ma vie j'ai compris hier toute la suavité du parfum des fleurs, tout le charme enivrant du mélodieux murmure de la brise qui se joue dans le feuillage. Le chant du rossignol et de la fauvette ont pour la première fois parlé à mon cœur... S'il faut à la fleur, pour briller et embaumer, les rayons du soleil, il faut à la femme la puissance d'un amour grand et profond pour développer son esprit, son intelligence, pour les mettre à la hauteur de la sublimité des créations de Dieu !...

Nous étions dans un sentier solitaire, la route était ombreuse, la brise fraîche et empreinte d'âcres parfums... Nous avions rendu la main à nos montures ; nos yeux se cherchaient, ils se disaient nos pensées, car, trop émus, nous ne pouvions parler.

« Ah! pourquoi, m'a-t-il dit enfin, ne vous ai-je pas connue plus tôt?... Quelle vie de bonheur, d'ineffables joies, j'aurais passée, vous ayant pour compagne!... »

La même pensée venait de traverser mon esprit; je me disais : « Pourquoi ne l'ai-je pas connu, alors que cette chaîne lourde et éternelle que l'on nomme mariage ne m'avait pas encore étreinte de son anneau fatal !... »

Il tendait sa main vers moi ; la mienne a serré la sienne ; cette muette pression a mieux dit que mille paroles notre douleur.

Comme les mots, les phrases de notre langue sont impuissants à rendre certaines sensations ! Jamais je ne saurais dire l'ivresse qui inonde mon cœur...

Bien à regret, nous avons quitté ces champs où nos sentiments trouvaient un écho. Dans la nature, tout chante, tout murmure l'amour, même la fleur qui, se penchant amoureusement sur sa tige, va chuchoter des phrases non no- tées à sa voisine.

Le monde est insupportable ; ici, mille im-

portuns conspirent contre mon bonheur....
Vient-il me voir, il n'est pas là depuis cinq
minutes que voilà un indiscret qui arrive ; il
me faut écouter ses banalités... Je lui réponds
avec distraction et difficulté, car ma bouche ne
sait plus que dire ce mot : « Je t'aime ! »

. . . .

. . . .

Voilà un mois que je le connais... voilà un
mois que je suis près de lui ; il loge en face de
chez moi... et même lorsqu'il n'est pas ici je
puis l'apercevoir...

Mon père m'a exprimé hier le désir de retourner à Paris ; mais il m'a vue tellement cons-
ternée à cette pensée, que bien vite il m'a dit :
« Eh bien ! puisque tu te plais ici, nous y pas-
serons encore un mois ; du reste, je vois avec
plaisir que le changement d'air t'est favorable,
tu sembles te mieux porter... » Il est si bon,
mon père ! Je tremble cependant qu'il ne lise
au fond de mon cœur... car enfin c'est mal ce

que je fais ! je n'ai pas le droit d'aimer un autre homme que mon mari !... Mais m'aime-t-il, lui ?... et puis l'amour se commande-t-il ?... N'a-t-il pas pris possession de tout mon être subitement et à mon insu ?... Ai-je été libre de l'aimer ou de ne pas l'aimer ?... Non... Je ne suis donc pas coupable ! Et pourtant, c'est une chose singulière, mais je sens que mon ront rougirait si mon père savait mon amour.

Un mois encore de bonheur... et puis... Oh ! je ne veux pas penser à l'avenir... le présent est si beau !...

. . . .

. . . .

. . . .

Quel cruel réveil ! quelle affreuse déception ! moi qui croyais être aimée comme j'aimais, purement et saintement. Hélas !

Je souffre mille fois plus que je n'ai souffert en découvrant que l'homme à qui j'avais donné ma vie, uni mon sort, en l'affection de qui je croyais, n'était digne ni de mon amour ni de mon estime...

C'est qu'alors je n'aimais pas... et maintenant j'aime de toute mon âme...

C'était hier soir; mon père était sorti. Lui était là: il me parlait d'amour... je l'écoutais, mes yeux lui répondaient, ma bouche essayait de lui balbutier le trop-plein de mon cœur... Naïve et candide, j'étais heureuse; je le croyais heureux aussi, je ne pensais pas qu'il pût rêver un autre bonheur... Je croyais qu'il m'aimait de cet amour du cœur qui commande l'estime et le respect. . . . .

. . . .

. . . .

Que lui ai-je dit? je ne m'en souviens plus; mais la colère, la honte, faisaient trembler ma main. Je lui ai intimé l'ordre de partir, de ne jamais plus me revoir. « Je vous aimais, lui ai-je dit, d'un amour pur qui ne me faisait pas rougir. J'ai cru, folle que j'étais, que vous m'aimiez de la même façon... mais je sens à présent mon amour se changer en haine ; je ne vous aime plus, partez... Comment ! vous m'aviez juré que votre cœur était à moi, que vous donneriez votre vie pour m'éviter une peine, pour empêcher mes yeux de verser une larme... et vous voudriez me faire verser les plus amères, celles du remords, celles que doivent verser les épouses coupables ou parjures !... Ah ! vous ne m'aimez pas ! vous ne m'avez jamais aimée ! »

Il s'est éloigné, pâle et muet d'émotion ; moi je l'ai vu partir d'un œil presque joyeux : c'était un ennemi qui s'éloignait... C'est maintenant que je dois partir. J'ai dit à mon père que j'étais inquiète, que je désirais rentrer à Paris. Demain matin je quitte ces lieux... où je l'ai connu ; lui, retournera en Italie... Je ne le verrai plus... je sens une immense tristesse s'emparer de moi... Ah ! mon rêve, pourquoi as-tu fini si vite?... pourquoi as-tu eu un si terrible réveil ?

Partir ! mais je n'en ai pas le courage... je

l'aime... oui, je l'aime encore... c'est lâche à
mon cœur... mais ce n'est pas ma faute...

Gaëtano, mon Gaëtano, loin de toi je mourrais.

Hélas ! me voilà à Paris depuis quinze jours ;
quel vide autour de moi ! Mon père est retourné
à son château... Mon mari me produit à présent
un singulier effet : sa vue me glace, me donne
un frisson d'épouvante que je ne puis expliquer.
Est-ce là l'homme qui m'est apparu si poétique-
ment séduisant dans le parloir de mon couvent ?
Non, c'est sa caricature... le vice semble l'avoir
marqué de son stigmate ; il devient chauve, ses
yeux ont une expression étrange, j'en ai peur ;
il est dur, brutal avec moi ; il me traite comme
un meuble, une chose gênante pour lui.

Ma maison a été réformée pendant mon absence : voiture, chevaux, tout a disparu ; il n'a
conservé que la cuisinière, la bonne de mon

10.

fils, et son valet de chambre. Comme je lui ai témoigné mon étonnement de cette réduction faite sans me consulter, il m'a répondu sèchement qu'il était le maître, et qu'il lui convenait de faire des économies.

J'aurais pu lui répondre qu'il était assez juste que je jouisse au moins de ma fortune ; mais ma dignité se révolte, j'aime mieux me taire et souffrir.

Mon ange, mon fils adoré, combien je bénis Dieu de t'avoir envoyé à moi ! tu es ma seule joie, ma seule consolation ; sans toi ma pauvre raison ne serait point assez forte pour supporter la vie stérile de bonheur, la vie d'isolement qui m'est faite. Tes caresses me soutiennent ; mon cœur, rempli de désespérance, se réchauffe sous les rayons de ton limpide regard.

L'amour maternel, voilà le seul amour réel, qui ne donne ni désenchantement, ni déception !

Aussi, je veux oublier ce sentiment brûlant, insensé, qui m'a bouleversé le cœur et la tête,

Mon amour était coupable, je le sens à présent.

Je veux chasser ce sentiment enivrant de ma pensée.

Oui, je le veux.

Mais le puis-je ? Oh ! je souffre ! En vain je lutte, en vain je comprime mon cœur, son image y est toujours ; je l'aime plus que jamais !

L'enfer ne doit pas avoir de plus affreux supplice : ne pouvoir même s'abandonner au charme d'aimer sans espoir ! ne pouvoir vivre avec son souvenir sans faillir à ses devoirs !

Pourtant notre cœur est à nous, bien à nous, aucun lien ne peut l'enchaîner !

Que je souffre ! Où est-il ? il m'a oubliée, peut-être.

Une autre femme, belle et libre, elle, se rencontrera un jour sur sa route ; il l'aimera, et moi, j'aurai été pour lui comme une de ces fleurs que l'on aperçoit dans un champ : on s'arrête pour respirer un instant leur parfum, pour ad-

mirer leurs tendres et harmonieuses nuances ;
ensuite on continue son chemin sans leur donner
un regret, un souvenir. C'est affreux !

Et moi je l'aime ! son souvenir est tout pour
moi ; il est ma joie, ma douleur, ma vie. Ou
plutôt il sera ma mort !

Je m'étais laissée entraîner à cette folle ivresse
si entièrement !

Pourquoi s'est-il trouvé sur ma route ?

Puisque je ne pouvais l'aimer ni être à lui,
pourquoi me l'avoir fait rencontrer, ô mon Dieu !

Approcher de ses lèvres altérées la coupe du
bonheur, en aspirer le nectar, et ensuite voir
cette coupe se briser !

Gaëtano ! mon Gaëtano ! où es-tu ?

Si tu savais les tortures de mon cœur, tu re-
viendrais.

Revenir ! Non, mieux vaut la mort que la
honte !

. . . .

. . . . ,

Allons, mon cher petit calepin, voici sans
doute mes dernières confidences; il y a six mois
que je n'ai rien écrit sur tes blanches pages...
Dans ces six mois, la mort a jeté en moi ses premiers germes !... Je suis condamnée, je le sais,
et j'en suis presque satisfaite ; je tousse constamment, je crache le sang ; en un mot, j'ai la poitrine attaquée...

J'ai tant souffert... Mon père, ce bon vieillard, dont la tendre affection soutenait mon courage défaillant, est mort. Dans sa dernière
étreinte il m'a dit :

« Pauvre fillette, si je te savais heureuse,
j'abandonnerais la vie avec moins de regret.

— Soyez tranquille, père, lui ai-je répondu,
bientôt j'irai vous rejoindre... »

Je sentais déjà en moi les sinistres précur-
seurs de la mort... Aussi, j'ai vu s'éteindre celui
que j'aimais tant avec moins de désespoir; c'était
à revoir, à bientôt, que je lui disais...

L'automne venu, je quitterai pour toujours cette terre, je le sens, j'en suis sûre.

Avec ce malheureux et triste poëte je puis redire ces vers à l'harmonie plaintive :

Quand vous verrez tomber, tomber les feuilles mortes,
Si vous m'avez aimé, vous prierez Dieu pour moi.

Mais m'a-t-il aimée?... Saura-t-il seulement que j'ai rendu le dernier soupir avec son image et son souvenir dans le cœur ?

Mon Gaëtano, tu m'as fait connaître l'amour, tu as réveillé mon cœur de sa léthargie... Mais, hélas ! mon bonheur a été de courte durée ; ce que j'ai souffert en ne te voyant plus, en n'entendant plus murmurer à mon oreille tes mots d'ineffable tendresse, nul que Dieu ne le saura, et ce Maître suprême a eu pitié de l'état de mon âme, puisqu'il me rappelle à lui.

Avec toi, Gaëtano, la vie m'aurait paru douce. Que je t'aurais aimé !... Ton regard, ton sourire,

le timbre frais et sonore de ta voix, me faisaient
tressaillir... Mon âme avait été créée sœur de la
tienne... Je t'ai connu trop tard. Je vais t'attendre dans le ciel, j'y prierai pour que tu ne
connaisses pas ici-bas la souffrance... Je ne te
demande, ô mon bien-aimé, qu'une chose, de
laisser à ta Lucile une petite place dans ton
cœur, et de venir quelquefois verser une larme
sur sa tombe; mon esprit, dégagé de la matière,
viendra alors te dire tout bas : Merci.

Toi, mon fils chéri, cher petit ange, mes soins,
mon amour, vont te manquer. Pour toi j'aurais
dû me rattacher à la vie... Mais, vois-tu, ce
n'était pas possible.

Ensuite, en grandissant, ta raison, ton esprit,
t'auraient montré ta mère malheureuse, malheureuse de par ton père; tu aurais eu à juger sa
conduite, qui est celle d'un homme sans cœur,
sans délicatesse; tu serais forcé de détester le
tyran de ta mère... et ce tyran est ton père...
Cela aurait été bien dur pour moi; il vaut donc

mieux que je m'éteigne à présent, que tu es trop
jeune pour comprendre la perte que tu fais, et
pour comprendre que je meurs à vingt-trois ans
parce qu'un homme déloyal, un homme qui
convoitait ma fortune, est venu me tromper. S'il
n'avait pris que mon argent, je lui aurais par-
donné ! Mais il a pris mon bonheur et ma vie
avec !

Si tu gardes un pieux souvenir de ta mère,
n'épouse jamais, ô mon enfant, qu'une femme
que tu aimeras ; et, une fois qu'elle sera ta compagne, rends-la heureuse, et du haut du ciel ta
mère te bénira.

Quant à vous, baron de Verdois, mon époux,
voici mes derniers adieux, la seule prière que
je vous adresse :

Je meurs en vous pardonnant, et pourtant
vous m'avez fait bien du mal ; vous avez brisé
de sang-froid ma vie ; vous m'avez fermé la
porte de ce paradis enchanteur que l'on nomme
l'amour. Vous m'avez rendue si malheureuse,

que la mort m'apparaît comme une douce espérance...

Je vous pardonne, mais à une condition : c'est que vous rendrez mon fils, notre fils, heureux ; c'est que vous ne lui inculquerez pas vos maximes... c'est qu'enfin, lorsque le jour sera venu pour lui de se choisir une femme, vous ne contrarierez pas l'inclination de son cœur, que vous lui direz qu'un honnête homme ne doit enchaîner sa vie qu'à celle d'une femme qu'il aime sérieusement et réellement et qu'il a la ferme intention de rendre heureuse. Si vous ne faisiez pas cela, si vous éleviez notre enfant de façon à ce qu'il fût un second vous-même... mon âme quitterait le ciel, elle s'attacherait à vos pas et crierait à votre conscience : Ne pas même respecter les derniers vœux d'une morte est chose horrible !...

Je me vouerais au bonheur de mon enfant... et vous traiterais sans pitié, car vous seriez son ennemi...

Voilà, baron, tout ce que j'ai à vous dire.....

.   .   .   .

.   .   .   .

La vie, vraiment, est une triste plaisanterie ; et si elle n'était pas destinée à servir de prélude à une autre vie meilleure, la supporter serait une folie !...

Oui, cette vie est une amère dérision ; je la compare, dans mon esprit, à un immense labyrinthe, entremêlé d'appartements splendides et de galetas affreux, avec des routes semées de ronces piquantes, venimeuses, et de fleurs aux doux parfums, aux couleurs éclatantes. Tantôt on marche avec délices sur ces dernières ; tantôt on foule, en hurlant de douleur, les premières. Le bien, le mal, le luxe, la misère, le plaisir, l'ennui, la joie, la douleur, tout est pêle-mêle. Nous entrons dans ce labyrinthe sans en avoir la moindre expérience ! Les uns prennent une route, celle des galetas où l'on grelotte, où sur les tables un maigre et insuffisant repas est servi, et pas toujours encore... La route qui y conduit a des épines sans nombre, de loin en loin une fleurette.

D'autres, servis par le hasard, prennent une route dorée, semée des merveilles du luxe le plus exquis ; tout est roses pour eux ; à peine si, de temps en temps, une petite déception, un chagrin, viennent leur apprendre que le bonheur parfait n'existe pas ici-bas... Mais ces élus sont rares.

D'autres enfin tombent sur une route qui conduit tantôt à un appartement somptueux, tantôt à un taudis ; les ronces, les fleurs, les cailloux y sont mêlés ensemble ; peines, douleurs, joie, plaisir s'y succèdent.

L'on sait que ce labyrinthe contient tout ce qui peut matériellement et moralement faire le bonheur des hommes, mais tous ces biens-là sont, pour nous, le supplice de Tantale ; on les voit sans pouvoir les atteindre.

Dans ce bas monde, Dieu a semé tout ce qui

peut constituer le bonheur le plus charmant et
le plus complet, et aussi ce qui peut le plus complétement torturer moralement et physiquement
les hommes... Le hasard, souvent, décide de
notre destinée.

Moi j'ai de la fortune... C'est une faveur
qu'on apprécie ici-bas ; eh bien ! je ne puis pas
même en jouir, à cause du mari, du maître ty-
rannique que le hasard m'a imposé...Mon or fa-
cilite l'inconduite de celui à qui je suis liée.
Tandis que moi je vis humblement, pauvrement
même, ses maîtresses ont des équipages somptueux, des toilettes superbes ; c'est tout au plus
si l'on me prendrait pour une femme de chambre
de ces créatures-là...

L'amour, c'est le nectar divin que Dieu nous
a versé, nectar qui enivre de bonheur, qui donne
un délire plein de charme.

Eh bien ! une fois j'ai cru aimer, mon cœur
s'est entr'ouvert à ce tendre sentiment, mais bien
vite il s'est refermé : il s'était trompé, la désil-

lusion a été terrible... Être forcée de détester,
de mépriser même celui qui avait fait battre
notre cœur!... C'est dur, cela fait un mal affreux!...

Un jour je rencontre un homme... A sa vue,
mon cœur bondit d'allégresse, il a reconnu en
lui le cœur créé frère du sien. Nous avons tous
été créés deux par deux ici-bas. Oui, il existe
un homme et une femme doués chacun d'un
cœur, d'une intelligence, d'une beauté attrac-
tive pour l'autre... Mais, hélas! le tout est de se
rencontrer. Moi, je trouve cet être jumeau de
mon être ; un fluide magnétique me dit : Le
voilà! Je l'aime sans le vouloir, sans y songer ;
je l'aime à en perdre la raison... Hélas! j'étais
enchaînée, mon cœur même n'était plus libre ; il
me faut l'étouffer, le broyer, ce pauvre cœur,
lui crier : Ne parle pas! Il me faut fuir celui que
j'aime... le fuir, et mourir de douleur de l'avoir
fui !...

Mais heureusement que cette vie n'est que

11.

le prélude de l'autre... J'ai foi, j'ai confiance
en Dieu, et je meurs sans regret.

Du haut du ciel, je pourrai prier pour mon
fils ; mon esprit tendre et attentif le suivra pas à
pas. Ma protection lui sera sans doute plus effi-
cace qu'elle ne l'aurait été ici-bas...

.   .   .   .

.   .   .   .

.   .   .   .

———

Là finissait le Journal de la comtesse de Verdois. Ces pages, histoire de toute la vie de la
pauvre femme, furent lues par le comte tout
d'une haleine. Ce qui restait en lui de bon sentiment, quoique réduit à une dose homœopa-
thique, à l'infiniment petit, se réveilla par moments... Il eut comme un remords.

Ces pages, où la pauvre femme avait laissé
éclater cette passion ardente pour Gaëtano, l'agi-

tèrent ; la jalousie le mordit au cœur, jalousie d'amour-propre ; c'est la seule que les hommes comprennent.

« Si je le connaissais ! se dit-il, je le tuerais pour avoir osé aimer ma femme. »

Il resta plongé dans des réflexions profondes pendant de longues heures...

Que se passait-il dans son cœur?... Dieu seul le sait ; le cœur de l'homme est un texte indé-chiffrable pour les plus savants... Nous avons toujours en nous un bon esprit et un mauvais ; ils se font tous deux une guerre continuelle : tantôt le bon triomphe, tantôt le mauvais a le dessus. Chez certaines personnes, cependant, le bon a été si mal reçu, si constamment mis de côté, qu'il finit par en prendre de l'humeur, et par abandonner l'homme à son confrère ténébreux.

Pendant ces quelques heures, le bon seul avait été écouté ; je ne jurerais même pas qu'une larme de repentir ne fût venue mouiller les yeux de ce coupable mari,

Mais le mauvais esprit, jaloux de voir son empire lui échapper, bien vite lui souffler ceci à l'oreille :

« Es-tu sot de prendre au sérieux les rêvasseries d'une femme ! »

Le comte secoua la tête, chassa au loin ses réflexions premières, alluma un cigare, et alla se promener sur les boulevards, en se jurant bien à lui-même que, malgré la prière dernière de sa femme, son fils n'épouserait jamais qu'une riche héritière, et non la fille d'un banquier ruiné.

CHAPITRE V

Un mois s'est écoulé depuis ce jour où M. Marfeld a réuni ses créanciers et leur a annoncé sa ruine. Si notre banquier, sacrifiant la dot de sa femme, le prix de l'hôtel, voire même les bijoux et l'argenterie de famille, se trouvait complétement ruiné, il avait eu au moins l'immense consolation de ne rien devoir à personne. Il avait donc abandonné son hôtel, tout ce qu'il possédait, à ses créanciers, qui, fort satisfaits de ne rien perdre, l'avaient accablé de félicitations sur sa courageuse conduite.

Clémentine, ce bon ange de la maison, était

sortie le lendemain de grand matin, accompagnée de son fidèle Jacques, pour trouver un
modeste appartement. Après maintes recher-
ches, elle découvrit, dans l'avenue de Neuilly,
un rez-de-chaussée avec jardin... douze cents
francs par an !... Huit jours avant, cette somme
lui paraissait bien minime ; elle les mettait à un
bijou, à un chiffon... maintenant, elle lui semblait bien lourde. La pensée cependant que ce
petit jardin distrairait son père la décida ; elle
loua l'appartement sans prévenir ses parents ;
elle y fit transporter les meubles les plus mo-
destes de l'hôtel.

Jacques, cette nature lourde, épaisse, était
transformé : il était actif, il devinait les désirs
de Clémentine, exécutait ses ordres avec une
vigilance incroyable.

N'avez-vous jamais, dans la vie, rencontré de
ces êtres qui sont loin d'être favorisés par dame
Nature ? On les dit sans esprit, sans intelligence,
complétement abrutis... Mais que, tout à coup,

leur cœur, qui a été doublement doté, qui a eu
en plus ce que l'intelligence a eu en moins,
vienne à s'attacher, qu'ils aient à prouver leur
amour, leur affection, ou bien encore leur reconnaissance, ces êtres-là deviennent sublimes
de dévouement, ils font des prodiges... on les
admire, on se sent attiré vers eux par ce sentiment que vous inspire le vraiment beau et le
vraiment bon.

Ces organisations-là ont la nature des chiens
de Terre-Neuve.

Jacques était complétement dans cette catégorie. Ses parents l'avaient trouvé paresseux,
stupide, capable de rien ; ils l'avaient rudoyé,
maltraité. Clémentine, avec son cœur d'ange,
en avait eu pitié ; elle l'avait enlevé aux mauvais
traitements de ses parents, elle avait été bien-
veillante pour lui... Jacques était devenu pour
sa maîtresse ce que sont ces bons chiens fidèles
et dévoués jusqu'à la mort.

Avec un sang-froid admirable et un courage

héroïque, celle qui naguère n'était qu'une rieuse enfant, se mit à vendre ses petits bijoux, qui seuls n'étaient point devenus la proie des créanciers ; elle en réunit le produit à ses deux mille francs, qui se trouvèrent ainsi portés à six mille. Elle conduisit ensuite ses parents à ce petit appartement de l'avenue de Neuilly. Ceux-ci, en voyant avec quel soin, quelle sollicitude, elle avait tout arrangé, furent touchés jusqu'aux larmes.

Sa bonne gaîté les soutenait. Pourtant M. Marfeld était bien accablé, il avait vieilli de dix ans dans les derniers jours qui venaient de s'écouler. Mme Marfeld, nature douce, bonne, mais peu forte, était peut-être plus accablée encore ; la douleur l'avait brisée, elle était demeurée inerte, sans courage comme sans volonté. Par le fait, Clémentine était l'âme de ce ménage éprouvé...

Avant de pénétrer plus intimement dans leur intérieur et dans leur nouvelle vie, il faut faire un pas en arrière...

Le vicomte de Verdois, il vous en souvient,
après que son père lui eut raconté le résultat
de son entrevue avec le banquier, et de quelle
façon il s'était retiré quand celui-ci lui avait
annoncé sa ruine, protesta énergiquement, remit à son père le journal de sa pauvre mère,
puis le quitta le rouge de la honte au front, —
car il rougissait de son père, et rien n'est plus
pénible que d'être forcé de reconnaître que celui
qui vous a donné le jour, que l'on appelle de ce
doux nom de père, n'a ni élévation ni délicatesse dans les sentiments ; oui, rougissant d'être
le fils de son père, il tremblait que celle qu'il
aimait profondément ne crût que, pour lui aussi,
ce mariage n'avait été qu'un calcul, qu'il n'avait
été séduit que par l'appât d'une brillante dot.
Il courut chez M. Marfeld, qui était dans son
cabinet, expliquant sa triste position à ses créanciers ; on le fit donc entrer dans le salon où
étaient ces dames. Clémentine avait entendu la
conversation de son père avec le comte ; pour-

tant son front était calme et serein, car son cœur lui disait tout bas : « Lui, lui que j'aime, il est bon, loyal : mon malheur fera qu'il m'aimera davantage, voilà tout, et malgré son père, auquel il ne ressemble pas, il m'offrira et son cœur et sa main. »

Ces dames étaient toutes deux assises sur une causeuse. Le vicomte se mit à genoux devant elles :

« Madame, dit-il d'une voix émue à Mᵐᵉ Marfeld, voulez-vous me permettre de vous donner le nom de mère ?

» Clémentine, dites-moi, je vous en conjure, que malgré ce que vous avez dû entendre tantôt, vous m'estimerez encore, et que vous n'avez pas cru un instant, un seul instant, que je..... »

Clémentine lui coupa la parole et lui tendit la main en lui disant : « Oh ! non. »

Mᵐᵉ Marfeld lui répondit d'une voix attendrie : « Je serais heureuse de vous nommer mon fils, car ma fille vous aime, et votre con-

duite prouve que vous l'aimez aussi, que vous
êtes un noble cœur. Mais plus tard seulement,
mon ami, vous pourrez parler sérieusement de
votre union ; dans ce moment-ci, de tristes rè-
glements de comptes absorbent mon mari. »

Le vicomte se releva, et, baisant la main de
la jeune fille, il lui dit :

« Je jure devant Dieu, Clémentine, que jamais
je n'aurai pour femme une autre femme que
vous.

— Et moi, répondit la jeune fille, je jure devant Dieu, que jamais je n'aurai pour époux
un autre homme que vous. »

Après cette promesse échangée, nos deux
jeunes gens s'étaient séparés, sûrs l'un de l'autre
et l'âme inondée de bonheur. A cet âge heureux,
l'amour est la vie ! Quand on aime et qu'on est
aimé, on se sent bien fort pour l'adversité ;...
elle ne saurait vous atteindre...

Un mois après, nous retrouvons toute la famille réunie dans son petit logement donnant

sur le jardin, bien propre, orné de fleurs, car le
bon Jacques, investi des fonctions de cuisinier
et de valet de chambre, a le soin, tous les ma-
tins, d'en acheter en allant au marché ; il a compris, avec ce tact que donne le cœur bien plus
que l'intelligence, qu'elles remplaceront par leur
fraîcheur et leur parfum le luxe qui a déserté ce
logis.

Toute la famille est donc rassemblée ; l'ex-
banquier jette un regard distrait sur un journal,
Mme Marfeld et Clémentine brodent.

Un coup de sonnette retentit.

Clémentine rougit, son cœur bat avec force.
« C'est lui ! » dit-elle.

En effet, Jacques annonce le vicomte de Verdois.

Après quelques phrases banales échangées, le
jeune homme se rapproche du père, et lui dit :

« Mon cher Monsieur Marfeld, écoutez-moi
attentivement. J'ai à vous faire une grave demande ; de votre réponse dépend mon avenir. »

Le banquier replie silencieusement son journal en faisant un léger signe pour indiquer qu'il écoute.

Clémentine penche sur son ouvrage un front coloré d'un vif incarnat.

La mère quitte le sien et écoute.

« J'aime ardemment mademoiselle votre fille, continue le vicomte ; je l'aime d'un amour profond et sérieux, car j'ai vainement lutté contre ce sentiment sans parvenir à l'étouffer. Quand j'ai commencé à l'aimer, elle était riche, cent fois plus riche que moi : voilà pourquoi j'ai essayé de me soustraire au charme de sa beauté, de ses douces et gracieuses qualités... Je me disais : Mon amour aura l'air d'un calcul... Cette pensée me glaçait.

Aussi, le jour où mon père m'a dit qu'il serait heureux que je devinsse votre gendre, et que, si Mlle Clémentine me convenait pour femme, il irait vous demander sa main ; je n'ai pas eu le courage de l'en détourner : peut-on refuser le bonheur quand on vous l'offre ? Mais l'idée de votre grande fortune m'était insupportable ; je me disais que je serais complétement heureux si votre fille n'avait rien, pas la plus petite dot... Pour elle je travaillerais, je deviendrais ambitieux. C'est pourquoi, lorsque mon père est venu m'annoncer votre ruine... vous l'avouerai-je ? c'est égoïste, j'en conviens... j'ai eu un sentiment de joie réel ; je me suis dit : Maintenant, au moins, je pourrai leur prouver à tous combien j'aime Clémentine et que je suis digne de devenir son époux, de devenir leur fils... »

Ici, le jeune homme s'arrêta ; ce qu'il avait encore à dire était pénible pour lui... Il lui fallait accuser son père.

« Oui, mon ami, je vous avais bien jugé : vous êtes un homme bon, un loyal cœur, lui dit le banquier en lui tendant la main... Je devine ce qui vous reste à me dire. Votre père, lui, n'est pas doué de sentiments aussi élevés que les vôtres ; il rêve une riche héritière : nécessairement il ne veut plus de ma fille pour bru... Eh bien ! mon ami, un bon fils doit obéir à son père ; il faut vous résigner à oublier ma fille.

— Oublier votre fille !... est-ce possible ? Ah ! ce que vous me dites là n'est pas sérieux, Monsieur, n'est-ce pas ? reprit le vicomte interdit.

— Mais, que comptez-vous donc faire ?

— Ce que je compte faire ! mais obtenir de vous votre fille, et l'épouser.

— Bien ! vous vous mariez, et ensuite que ferez-vous ? Clémentine n'a plus rien que son pauvre père et sa bonne mère, qu'il lui faudra nourrir... Que deviendrez-vous ? Voulez-vous que je vous dise ce qui arriverait si j'avais l'imprudence de céder à votre désir ? La première année, l'ivresse et l'amour vous tiendraient lieu de tout ; mais, ce premier feu passé, vous trouvant en face de la misère, vous regretteriez ce qu'alors vous nommeriez une folie ; vous seriez malheureux, et ma pauvre fillette le serait encore plus que vous. »

Le jeune homme avait écouté d'un air calme et souriant :

« Mais, de grâce, Monsieur, écoutez-moi avec patience, et vous verrez que, quoique jeune et fort amoureux, je sais déjà que l'amour ne suffit pas en ménage.

» Le peu de fortune qui reste à mon père lui vient de ma mère ; je pourrais donc le forcer à me rendre des comptes... Mais je n'en ferai rien.

» Je suis jeune, intelligent ; je travaillerai. Croyez-vous que je sois resté inactif ? Oh ! non. Le lendemain du jour où j'ai appris la catastrophe qui vous plongeait dans la misère, je suis allé trouver le ministre des affaires étrangères ; il m'aime beaucoup : son père avait été l'ami le plus intime de mon grand-père maternel ; je lui ai expliqué ma position. Immédiatement il m'a attaché à son ministère ; il m'a promis sa protection ; je saurai m'en rendre digne par mon assiduité, mon ardeur au travail.

» Je ne vous demande que ceci : dès aujourd'hui, acceptez-moi pour gendre, et nous ne nous marierons que le jour où je serai en état d'assurer à ma femme une position, sinon brillante, du moins heureuse et aisée... Nous vivrons tous ensemble ; la bonne affection qui nous unira nous tiendra lieu de richesse... Cette richesse-là, ne l'a pas qui veut. »

Toute la famille était émue jusqu'aux larmes, et restait silencieuse.

Le vicomte alla prendre par la main Clémentine.

« Venez m'aider à plaider ma cause, » lui dit-il.

Tous deux s'agenouillèrent devant M. et Mme Marfeld.

« Je vous en prie, acceptez-moi pour fils, et vous verrez que je saurai vous récompenser par mon dévouement, mon amour le plus vrai, du bonheur que je vous devrai, dit le jeune homme avec une prière dans la voix et dans le regard.

— Venez, que je vous serre sur mon cœur, mon ami ; vous êtes un noble et bon cœur, » dit enfin le banquier, les yeux mouillés de larmes.

Les deux jeunes gens se jetèrent dans les bras de M. et de Mme Marfeld.

Dès cet instant, le vicomte du Verdois fut considéré comme le fiancé de Clémentine, comme le fils de la maison.

Seulement il fut convenu que l'on attendrait un an, deux ans, s'il le fallait, pour les marier, et qu'on ne le ferait que lorsque le vicomte se serait assuré une position.

Les jeunes gens acquiescèrent à cette condition : n'avaient-ils pas devant eux un long avenir !... A cet âge on peut différer le bonheur.

« Maintenant que Monsieur a plaidé et gagné sa cause, dit gaîment Clémentine, à mon tour : Nous voici en famille, écoutez-moi tous. Il a été convenu, il t'en souvient, mon père, que j'étais investie du haut gouvernement de notre nouveau ménage.

» Jusqu'à présent, je ne m'en suis pas trop mal tirée, n'est-ce pas? »

Un baiser fut la réponse de ses parents.

Elle continua :

« Donc, voici ce que j'ai décrété : je suis, grâce à vous, grâce aux bons professeurs dont vous m'avez tant prodigué les leçons, une excellente musicienne ; je vais donc utiliser ce talent et me procurer des leçons ; cela me sera facile, nous avons une foule de relations. Mes anciennes amies, je l'espère, me donneront la préférence. Ce me sera un vrai plaisir de voir que je puis faire quelque chose pour vous, qui avez tant fait pour moi.

» Dès demain, c'est convenu, je vais, accompagnée de mon fidèle Jacques, faire des visites à toutes nos connaissances, leur annoncer ma résolution, et me voilà professeur. »

Le père et la mère courbaient tristement le

front ; la pensée que cette fille chérie, sur qui ils avaient semé la fortune, allait devenir un simple professeur, les navrait. Mais qu'auraient-ils pu dire ? La triste nécessité était là. M. Marfeld était vieux, cette crise l'avait cassé ; que pouvait-il faire ?

Le vicomte voulut protester ; il dit que, devenant le fils de la maison, il devait, lui, travailler pour tous.

Clémentine lui coupa la parole en disant :

« Ah ! n'allez pas vous opposer à mon projet : je croirais que c'est par amour-propre, parce que vous ne voulez pas épouser une maîtresse de piano.

— Mon amour-propre serait bien sot, chère Clémentine, car une jeune fille assez forte, assez courageuse pour affronter, par amour filial, les ennuis de cette profession, est digne du respect et de l'admiration de tous, et un homme doit être doublement fier de lui donner son nom, reprit vivement le vicomte. Seulement, ajouta-t-il d'un air triste, vous êtes jeune et belle ; en amoureux, je tremble à l'idée des dangers auxquels vous allez être exposée.

— Mais vraiment, mon ami, répondit gaîment Clémentine, vous divaguez ; j'ai eu une jeune et jolie maîtresse de piano, et elle ne semblait pas être environnée de dangers... Non, elle avait l'air fier et heureux de pouvoir, grâce à son talent, apporter le bien-être dans sa famille peu fortunée, et je serai comme elle ; personne, je l'espère, ne songera à m'enlever cette joie-là. »

Le vicomte comprit que la résolution de Clémentine était inébranlable, et qu'en persistant il la blesserait. Il changea de conversation, parla de son espoir d'avancement rapide.

Malgré sa répugnance pour l'état qu'allait embrasser sa future, état qui, quoi qu'elle en dît, était bien périlleux pour une toute jeune fille, il était forcé de reconnaître qu'elle agissait sagement. Toute sa famille restait sans autre

13

ressource que quelques mille francs échappés au naufrage. M. et Mme Marfeld ne pouvaient accepter d'un futur ce qu'ils accepteraient d'un gendre ; du reste, sa position à lui-même n'était pas brillante.

Le comte de Verdois, le jour où son fils lui annonça qu'il avait demandé à M. Marfeld la main de sa fille, que sa ferme intention était de l'épouser, et qu'il venait de solliciter une place, était entré dans une fureur épouvantable ; il l'avait presque chassé de chez lui, le menaçant de son courroux éternel s'il persistait dans cette résolution.

Le jeune homme, sans s'émouvoir, avait quitté le soir même l'hôtel de son père ; il s'était installé dans un modeste garni. Le ministre, il est vrai, connaissant sa position, l'avait appointé tout de suite ; mais ces appointements étaient bien minimes et ils ne pouvaient suffire à faire vivre toute une famille.

Il pensait à cela tout en causant de choses et

d'autres, et, malgré lui, un nuage triste assombrissait son front.

Clémentine, avec cet instinct de la femme qui aime, comprit que de pénibles pensées l'agitaient. Elle redoubla de gaîté, de gentillesse.

Le lendemain, dès que leur frugal déjeuner fut terminé, elle s'habilla, elle se choisit une petite toilette bien sombre, bien simple ; elle annonça à Jacques qu'il aurait à l'accompagner.

« Où vas-tu, chère enfant ? demanda M. Marfeld.

— Petit père, répondit-elle d'une voix câline, je vais annoncer à nos amis ma résolution ; tous m'applaudiront et m'aideront à trouver des leçons. Ma première visite sera pour les dames de Monlac. Ma mère est l'amie la plus intime de Mme de Monlac ; Lucie est ma meilleure amie : je suis donc sûre d'un accueil des plus affectueux. Les deux petites sœurs de Lucie commencent à apprendre la musique, je vais me proposer comme professeur ; elles seront mes premières élèves... Si leur mère m'a fait souvent des éloges sur ce qu'elle appelait mon grand talent de pianiste, combien elle sera enchantée que je devienne la maîtresse de ses filles ! »

Son père secouait tristement la tête en l'écoutant ; il lui dit :

« Pauvre enfant ! il ne faut pas te faire illusion sur ce que vaut la belle amitié que le monde vous témoigne. Hier nous étions riches, nous avions beaucoup d'amis ; aujourd'hui nous sommes pauvres, il nous en restera bien peu, et peut-être pas du tout. Tous ces gens qui venaient chez moi, parce qu'ils s'y amusaient, parce que je leur donnais de superbes dîners, de beaux bals, tous ces hommes à qui j'ouvrais généreusement ma bourse et qui y puisaient sans trop de façon, tout ce monde s'éloignera de nous à présent, ou nous traitera avec cette haute bienveillance qui est le dernier degré de l'impertinence ; ils nous traiteront enfin, comme

des gens ruinés, n'ayant plus rien à leur offrir
que le triste spectacle de notre misère.

— Père, le malheur te rend injuste et sévère.
Non, je ne puis croire que des gens que nous
avons comblés de politesses, à qui nous avons
témoigné de l'affection, à qui, en toute occasion,
nous avons rendu service, s'éloignent de nous
par la seule raison qu'un malheur immérité a
frappé à notre porte; je les juge mieux. Je crois,
au contraire, que tous nos amis seront plus em-
pressés pour nous encore qu'au jour de notre
fortune.

— Dieu t'entende, ma fille, et qu'il t'épargne
de trop amères déceptions ! » reprit le pauvre
père, des larmes dans les yeux, car il connaissait le monde, lui, et savait combien les bons
sentiments y sont rares.

« Mais, en tout cas, mon ami, dit à son tour
Mme Marfeld, Clémentine a raison de faire sa
première démarche auprès des dames de
Monlac. Non-seulement c'est la famille avec

13.

laquelle nous avons eu le plus d'intimité, mais encore tu as rendu maintes fois de grands services à M. de Monlac ; l'an passé, n'est-il pas accouru te réveiller dans la nuit pour te dire qu'il venait de perdre trente mille francs au cercle, qu'il lui était impossible de les payer, qu'il était un homme déshonoré, perdu, si tu ne les lui prêtais pas ?

— Oui, et je me suis levé tout de suite ; j'ai ouvert mon coffre et lui ai compté trente mille francs, que je lui ai remis en l'assurant du plaisir que j'avais à lui rendre ce service... Bien souvent encore, je l'ai obligé de diverses manières...

» Et pourtant, depuis ma ruine, lui qui m'appelait son cher, son seul ami, il n'est pas venu me voir une seule fois.

— C'est par discrétion, j'en suis sûre, répartit Clémentine. Du reste, dans deux heures, je vous dirai l'accueil que j'aurai reçu. »

La charmante enfant, après avoir embrassé

ses parents, partit accompagnée de son fidèle Jacques.

Précédons-la dans le salon de Mme de Monlac.

Il y a nombreuse société, c'est le mardi de ces dames. On cause chiffons : l'une critique le mauvais goût de la toilette d'une telle, l'autre raconte un petit cancan peu charitable sur une de ses bonnes amies.

On annonce le marquis de Bolène.

« Quoi! marquis, vous voilà de retour à Paris? lui dit Mme de Monlac d'un air enjoué. L'on disait que les charmes d'une lady aux cheveux roux vous retenaient à Londres.

— En tout cas, Madame, leur empire a cessé, car me voilà revenu à Paris.

— Tant mieux, marquis; tous vos amis maudissaient l'Angleterre de vous retenir loin d'eux.

— Je serais trop heureux si j'osais espérer que je puis vous compter au nombre de ces amis-là, Madame!

— Vous le pouvez assurément, et je suis ravie de vous revoir... A propos, vous savez la nouvelle?

— Quelle nouvelle? J'étais tellement plongé dans les brouillards, que je ne sais plus rien de ce qui se passe à Paris. Arrivé d'hier, ma première visite est pour vous... C'est donc vous qui allez m'apprendre ce qu'il y a de nouveau dans ce bon Paris.

— Eh bien! la dernière nouvelle est celle-ci : Vous connaissez bien le banquier Marfeld?

— M. Marfeld! mais certainement; mari d'une femme charmante et père d'une fille adorable. Mais cette famille, il m'en souvient, était de vos amies intimes.

— Oui... nous... les connaissions... »

Ceci est dit avec une petite moue dédaigneuse par Mme de Monlac.

Le marquis de Bolène la regarde d'un air étonné.

« Seriez-vous brouillés?

— Non! mais voici la nouvelle : ils sont ruinés, complétement ruinés!

— Ruinés! s'écrie le marquis, mais c'est horrible! Pauvre M. Marfeld; lui si bon, si obligeant! Mais quelle catastrophe a donc amené leur ruine?

— Je ne sais... Que voulez-vous! ils menaient grand train ; ils voulaient briller, éclipser tout le monde par un luxe effréné : ils sont à présent punis de leur sottise, répond Mme de Monlac.

—Certainement, ajoute une autre vieille dame, ils ont bien cherché leur ruine, et personne ne les plaindra. »

Toutes les dames font chorus... Toutes ou presque toutes étaient des amies de la famille Marfeld.

« Vous avez tort de dire que personne ne les plaindra, Madame, répond sèchement le marquis; moi, pour mon compte, je les plains de tout mon cœur, et je dis hautement que M. Marfeld est un brave et digne homme, bon, obligeant pour tous. Son malheur doit le rendre encore plus cher à ses amis, et je me flatte d'en être un. Dès ce soir, j'irai le voir.

— Je ne sais si vous trouverez sa demeure, lui dit Mme de Monlac d'un air piqué, car elle a compris la leçon et elle en veut au marquis de la lui avoir donnée ; leur hôtel est vendu, ils habitent une mansarde dans je ne sais quelle rue.

— Comment ! vous n'êtes point allée les voir, Madame ?

— Mais non, pas encore, balbutia-t-elle... Du reste, vous savez, des gens ruinés, on n'ose pas, par discrétion, aller chez eux... D'un brillant hôtel, tomber dans une mansarde... la chute est lourde... Il est charitable de leur éviter l'humiliation de montrer leur nouveau logis.

— Humiliation ! dites-vous, Madame ? mais il n'y en a aucune à perdre sa fortune quand on la perd honorablement ; il y en a davantage à l'acquérir par des moyens peu délicats, comme l'acquièrent, hélas! bien des gens que le monde fête et accueille.

— Mlle Clémentine Marfeld! » annonça le valet de chambre.

A ce nom, tous les yeux se portèrent vers la porte d'entrée. Clémentine parut, souriante, belle de sa naïve candeur. En voyant tous les regards fixés sur elle avec plus de curiosité que de bienveillance, elle parut interdite un instant; son grand œil étonné semblait en demander la cause...

Enfin, Mme de Monlac s'avança vers elle et lui dit avec un air de protection marqué :

« Bonjour, mignonne; vous nous faites une agréable surprise. On parlait de votre famille à l'instant même.

— Vraiment, Madame, je n'attendais rien moins de votre bonne amitié pour mes parents et pour moi aussi; je savais bien que ces quelques semaines passées forcément sans vous voir, ne nous auraient pas fait oublier de vous... »

Après un quart d'heure de conversation sur des riens, de ces riens qui défrayent généralement les causeries de salon, la jeune fille put s'apercevoir que déjà toutes ces dames, amies de sa mère, ces jeunes filles, presque toutes ses amies les plus intimes un mois avant, avaient, avec elle, un petit air réservé, froid ; pas une d'elles n'eut une de ces bonnes paroles, de ces élans partis du cœur ; on lui fit quelques phrases de condoléances, plutôt blessantes pour elle que consolantes. Pauvre Clémentine ! elle se disait tout bas :

« Est-ce que, par hasard, mon père ne se serait pas trompé ? Suffirait-il de perdre sa fortune pour perdre ses amis?... »

Appelant tout son courage à son aide, elle fit part à ces dames de sa résolution bien arrêtée d'utiliser son talent de pianiste et de donner des leçons pour faire vivre sa famille...

« Comment! vous en êtes réduite là? dit la maîtresse de maison. Je croyais que votre père, tout en ayant fait de mauvaises affaires, avait conservé encore de quoi vivre dans une honnête aisance.

— Non, Madame, répondit la jeune fille. Mon père, grâce au ciel, a pu liquider ses affaires sans faire perdre un centime à personne; mais il ne lui reste rien, qu'une fille qui l'aime tendrement et sera fière et heureuse de travailler pour ses parents.

— Bah! dit tout bas une dame à sa voisine, ça, c'est une comédie; tous ceux qui font faillite disent cela.

» Voyez plutôt M. Daily, il a fait trois fois faillite, et après chacune d'elles, il était plus riche qu'auparavant...

— Mais, répondit l'autre dame, M. Marfeld n'a pas fait faillite, il a seulement liquidé...

— Bah, bah! ça revient au même.

— Mon enfant, répondit Mme de Monlac à Clémentine, votre intention est très-louable... mais vous êtes encore jeune, vous n'avez pas l'expérience du monde ; croyez-vous qu'il soit facile à une femme de gagner sa vie, et surtout celle de sa famille ? des maîtresses de piano, il en pullule, elles sont plus nombreuses que les personnes qui ont envie d'apprendre la musique. Et puis, croyez-moi, vous avez certainement un assez joli talent ; mais pour donner des leçons, il faut encore une connaissance approfondie de l'instrumentation, de la musique... Enfin, je crois qu'il vous sera difficile de trouver des élèves, du moins tout de suite.

— Mon Dieu, Madame, je ne me fais pas illusion ; je sais que les commencements en toutes choses sont durs. Mais j'aurai du courage, de la patience et de la persévérance : avec cela on arrive toujours quand le but est bon... Puis, continua la pauvre enfant en hésitant un peu, j'ai compté sur l'appui, la bonne amitié de tous nos amis... Tenez, vous l'avouerai-je franchement ? je venais vous dire, chère madame, qui si souvent avez bien voulu applaudir à mon faible talent, que j'espère que vous voudrez bien me confier l'éducation musicale de vos filles... Trois de mes meilleures amies pour élèves, cela me portera bonheur. »

Elle attendait en vain un de ces oui spontanés, un serrement de main... Son interlocutrice restait silencieuse.

Enfin, avec un air assez froid et contraint, elle lui dit :

« Ma bonne petite, je serais enchantée, bien sûr, de faire quelque chose pour vous; mais, vous le savez, ces demoiselles ont un excellent professeur; le changement de méthode pourrait nuire à leurs progrès... Cependant je vous promets que si je viens à n'être plus satisfaite de lui, je vous donnerai la préférence... et même je chercherai, je tâcherai de vous trouver des élèves. »

Cette réponse n'était pas celle qu'attendait la jeune fille : elle avait jugé les autres d'après son cœur à elle, et elle s'apercevait qu'elle avait eu tort... La première désillusion est terrible !

Elle resta un instant sous le coup de cette douloureuse impression... Puis, essayant de sourire, alors que, malgré elle, ses yeux se voilaient de larmes, elle balbutia :

« C'est vraiment trop de bonté de votre part, Madame. »

Et elle prit congé de ces dames.

Le marquis s'était tu. Au moment où elle allait quitter le salon, il s'avança vers elle, lui serra la main et lui dit :

« Veuillez, Mademoiselle, dire à M. votre père que je ne suis à Paris que d'hier ; je n'ai appris qu'à l'instant même le malheur qui l'a frappé ; sans cela, déjà je serais allé l'assurer de ma vive sympathie et de mon sincère attachement... Demain, si vous pensez que je ne doive pas l'importune, j'irai le voir.

— Non, vous ne l'importunerez pas, Monsieur, la visite d'un homme qui reste notre ami dévoué, même dans les revers, fait du bien. »

Et elle jeta un regard de reproche vers ces dames, qui l'avaient accueillie si froidement.

Elle avait le cœur bien gros... son courage venait de recevoir un rude choc; cependant elle se dit : Allons essayer ailleurs ; tout le monde ne peut être aussi froidement égoïste, ce serait par trop triste.

Elle alla chez une dame dont les filles étaient aussi ses amies... Elle voulait encore s'offrir comme maîtresse de piano.

Les domestiques, qui toujours la recevaient le sourire sur les lèvres, avec cet empressement des valets pour ceux qu'ils savent les bien-venus chez leurs maîtres, la regardèrent d'un air contraint et étonné, puis lui dirent :

« Nous allons voir si ces dames sont visibles.

— Allez-vous, par hasard, laisser Mademoiselle à l'antichambre? grommela d'un air furieux notre ami Jacques. Ah! je voudrais bien voir cela!... »

Et il serrait le poing d'une façon significative.

14.

On daigna alors la faire entrer dans la salle à manger.

Mais, au bout de cinq minutes on vint lui dire que ces dames étaient vraiment aux regrets, mais qu'elles ne pouvaient la recevoir, étant à leur toilette pour sortir.

C'était la première fois qu'une pareille réponse était faite à Clémentine... Elle pâlit et s'éloigna sans mot dire.

Jacques, tout en marchant à côté de la jeune fille, jetait sur elle des regards attristés.

« Mademoiselle, hasarda-t-il enfin, vous avez toujours été si bonne pour moi que vous ne pouvez vous fâcher de ce que je vais vous dire.

— Quelle idée! Jacques; pourquoi veux-tu que je me fâche?

— C'est que, Mademoiselle, je suis si bête, moi, que je ne sais pas m'expliquer comme il faut.

— Dis toujours, va... je te comprendrai.

— Est-ce bien vrai, Mademoiselle, que vous

allez faire ce que vous disiez hier... vous mettre
à donner des leçons?

— Mais oui, si je suis assez heureuse pour en
trouver : hélas ! aujourd'hui j'ai eu peu de
chance.

— Donner des leçons, courir tout le jour,
comme Mlle Evin-Millto... Est-ce possible ?

— Comment veux-tu que nous fassions?...
Tu le sais, nous n'avons plus rien... Ce malheur
a brisé mon père... il ne peut plus songer à re-
faire sa fortune. Il a travaillé si longtemps pour
moi... c'est à mon tour à présent.

— Vous, travailler! ça ne se peut pas, grommela Jacques; vous n'êtes pas née pour ça...
C'est à moi, gros lourdaud de paysan, à travailler pour ma bienfaitrice, pour celle qui a été
si longtemps ma Providence.

— Mais ne travailles-tu pas assez, mon ami?..,
Te voilà cumulant les charges de valet de chambre, de cuisinier...

— Valet! qu'est-ce que c'est ça pour moi ?...

Rien du tout... je puis bien encore, allez, faire autre chose... Si seulement je savais quoi... mais je suis si bête, moi, que je ne sais pas... Ah! si vous, Mademoiselle, vous pouviez me trouver quelque chose!

— Tu veux nous quitter? dit la jeune fille tout étonnée.

— Vous quitter!... Oh! plutôt la mort... Mais je voudrais un travail que je puisse faire quand j'aurai fait celui de la maison... Je voudrais, enfin, vous être un peu utile, gagner un peu d'argent. »

Clémentine était émue.

« Quoi! se dit-elle, tant de dévouement dans le cœur d'un pauvre paysan, et tant de froideur dans celui de tous ces gens-là!... Le peuple serait-il meilleur que nous, et la civilisation n'aurait-elle d'autre résultat que de nous rendre égoïstes?... »

Elle remercia Jacques avec effusion, l'assurant que sa présence était indispensable au logis, —

et qu'il aurait en plus à l'accompagner dans ses courses en ville.

Elle n'osa apprendre la vérité exacte à ses parents : elle craignait de les trop attrister, les sachant déjà sans beaucoup de courage. Elle leur fit donc un petit mensonge, leur assurant qu'on l'avait accueillie avec amitié, et que, si elle n'avait obtenu déjà des leçons, elle avait obtenu la promesse certaine que bientôt on la prendrait pour professeur.

Pauvre enfant! quelle triste nuit elle passa!

« Est-il possible, se disait-elle amèrement, que ceux qui m'accueillaient si bien, me témoignaient tant d'éloges, de sympathies et d'affection, alors que j'étais une riche héritière, deviennent pour moi des indifférents ?... »

Elle revoyait dans son imagination ce salon de Mme de Monlac, ces figures ironiques et malveillantes... Elle se sentait glacée en songeant que, si elle ne parvenait pas à trouver des leçons, bientôt la gêne, puis la misère, s'installeraient dans le logis. Cette cruelle vérité, qu'il ne suffit pas d'avoir du talent, du courage et une ferme résolution, pour parvenir à gagner sa vie ici-bas, lui apparaissait enfin... et déjà le découragement entrait dans son âme, l'inondait de sa triste désespérance.

Elle dormit mal, eut la fièvre, et, le lendemain, elle se leva la figure pâlie et les yeux rouges. Elle se mit à son piano avec ardeur.

« Si je ne trouve pas de leçon, se disait-elle, je donnerai des concerts. »

Le marquis de Bolène vint à onze heures; il serra avec force la main de l'ex-banquier, en lui disant avec effusion :

« Vous ne m'avez pas cru indifférent à votre malheur, n'est-ce pas, mon ami?

— Non... je pensais que quelque empêche-ment absolu ne vous permettait pas de venir me voir, cher marquis.

— J'étais absent... hier seulement j'ai appris

votre ruine... Voyons, racontez-moi quelle catastrophe l'a amené. »

M. Marfeld lui expliqua comment, par une fatalité implacable, cinq ou six de ses correspondants avaient fait faillite, lui emportant des sommes énormes, et l'avaient entraîné avec eux.

« Hélas! ajouta l'infortuné père, je ne dois rien à personne, mais ma pauvre fillette est sans dot, avec ses vieux parents à nourrir.

— Ah! j'allais oublier une commission que j'ai pour vous, Mademoiselle, dit le marquis se tournant vers Clémentine. Ma tante, la baronne de Risly, serait heureuse si vous vouliez bien vous charger de l'éducation musicale de ses trois filles. »

Clémentine poussa un cri de joie...

« Trois leçons! quel bonheur!... »

Puis, comprenant que, témoin de son échec de la veille, il avait voulu lui donner une compensation, elle vint serrer les mains du marquis, et lui dit tout bas :

« Merci !... »

Quelques mots sur le marquis de Bolène, qui va jouer un grand rôle dans ce récit... C'est une nature bonne, franche, loyale; il a quarante ans. Sans être beau, il a une figure sympathique; sans être riche, il a une position suffisante pour soutenir son rang.

C'est un entêté célibataire, un de ceux qui disent : « Le mariage est du nombre des folies que l'on aime à voir faire aux autres, mais qu'on se garde bien de faire soi-même, pour peu que l'on ait de l'esprit... »

Sauf le léger travers, bien excusable du reste, de ne pas croire à la possibilité du bonheur dans le mariage, c'est un excellent cœur, un ami dévoué... Nous le verrons plus tard à l'œuvre.

Dès le lendemain, Clémentine donna sa première leçon.

Elle fut reçue par Mme de Risly avec un tact parfait, avec une délicatesse exquise. La baronne lui demanda de vouloir bien accepter les mêmes conditions que le professeur qu'elle remplaçait : trois cents francs par mois pour trois leçons par semaine.

C'était l'aisance assurée, ou tout au moins le pain de la maison ; aussi comme elle était heureuse, la chère enfant !

Du reste, tout lui souriait : un mois après, toujours d'après les soins du bon marquis, elle avait encore deux autres élèves, au même prix, ce qui faisait six cents francs par mois.

Un soir, à peu de temps de là, la famille était réunie près du feu. Le vicomte de Verdois était assis près de sa future ; il lui disait ces phrases de tendresse empruntées au vocabulaire des amoureux :

« Bientôt, ma Clémentine, nous pourrons nous réunir... J'ai eu déjà de l'avancement, et j'espère arriver promptement à une bonne position.

— Oh! oh! mon futur gendre, un peu de patience?... on voit bien que vous êtes jeune et ne doutez de rien... On n'arrive pas si vite.

— Laissez-nous au moins, cher méchant petit père, le bonheur de faire des châteaux en Espagne, reprenait la jeune fille en riant.

— Ton père a raison, dit Mme Marfeld, il vaut mieux ne pas se faire illusion, ma fille.

— Eh bien! mère, ne nous faisons pas illusion, mais jugeons froidement notre situation actuelle... Moi, je la trouve superbe. N'êtes-vous pas plus heureux qu'il y a six mois?... Vous avez deux enfants au lieu d'un. Raoul travaille, il a une position honorable, ce qui est bien préférable à la vie de désœuvrement qu'il menait avant... Moi!... oh! moi, je suis fière de moi-même... et heureuse!... plus heureuse vraiment... qu'il y a six mois... »

Et, ce disant, elle serra franchement la main de son futur.

« Chère fillette! dirent les parents en la regardant d'un air attendri.

— Et votre père, Raoul, que dit-il de votre

situation au ministère et de votre intention d'é-
pouser ma fille, alors qu'elle n'a plus pour dot
que sa beauté et son cœur d'ange?... »

C'était M. Marfeld qui faisait cette question.

Le front du jeune homme se rembrunit.

« Mon père... ne me parlez pas de lui... C'est
chose si triste de ne pouvoir aimer celui qui
vous a donné le jour ! balbutia Raoul.

— M. le comte de Verdois! » cria Jacques en
ouvrant la porte du salon.

A ce nom, chacun se regarda interdit.

Le vicomte se leva comme mû par un ressort ;
il s'avança pâle et presque menaçant vers son
père... « Il vient troubler mon bonheur, » pensait-il.

Clémentine, seule resta calme ; elle fixa son
œil pur et limpide sur le comte.

M. Marfeld le regardait d'un air bourru.

« Eh bien ! est-ce ainsi que vous me recevez?
Ne dirait-on pas que je suis un étranger pour
vous tous? » dit le comte de Verdois avec un

sourire plein d'amabilité, et en tendant la main à l'ex-banquier.

Comme celui-ci hésitait à lui tendre la sienne, il reprit en souriant :

« Vous m'en voulez, n'est-ce pas, d'être resté si longtemps sans venir vous voir?... Je comprends, vous avez mal interprété mon absence... Je vais vous l'expliquer, et votre rancune à tous disparaîtra. »

Et, sans façon, il s'installa dans un fauteuil.

« Mes amis, reprit il d'un ton plus sérieux, écoutez-moi bien, et vous verrez après si je mérite votre accueil passablement glacial.

» Vous vous souvenez, Marfeld, du jour où j'allai demander, pour mon fils, la main de Melle votre fille.

— Ne me rappelez point cela, Monsieur le comte : c'est un souvenir douloureux... Le premier vous m'avez fait faire la triste expérience que ceux qui sont riches n'ont jamais de vrais amis... Que les riches héritières sont demandées en mariage pour leur argent, et non pour leur personne. »

L'amertume et une vive émotion faisaient vibrer la voix du pauvre père.

« Bravo ! bravo ! allez toujours, abîmez-moi ; traitez-moi de sans cœur, d'homme cupide... Non ! souvenez-vous plutôt qu'il ne faut jamais condamner les gens sans les entendre.

» Je reprends ; cette fois-ci, ne m'interrompez plus... Vous vous souvenez de mon saisissement à la nouvelle de votre ruine... Il y avait de quoi, avouez-le : elle arrive comme un coup de foudre, sans crier gare... Je me contentai de vous répondre :

» Allons, le moment est mal choisi ; nous reparlerons de cela plus tard.

» En sortant de chez vous, je réfléchis profondément à la nouvelle situation que votre ruine ferait à nos jeunes gens. Je me dis : Moi, hélas ! je ne suis pas riche ; si je l'étais, je n'hésiterais pas une minute. Mon fils n'a aucune carrière ;

15.

en prendrait-il une, qu'il lui serait bien difficile
de nourrir sa femme et ses beaux-parents. Clémentine et lui sont élevés dans les goûts de
luxe... La gêne leur paraîtra affreuse... leur ménage, avec la misère pour auxiliaire, deviendra
un enfer; ils seraient malheureux! Il est donc
de mon devoir de ne pas donner la main à cette
union.

» Maintenant, me disais-je encore, si, par hasard, leur amour est réel, fort et héroïque; s'ils
sont de ces natures d'élite qui, unies par l'a-
mour, bravent tout, mon fils malgré ma défense,
demandera la main de Clémentine; avec cette
ardeur d'un cœur épris, il cherchera à se faire
une position; sa future, de son côté, en fera
autant... S'ils font cela, c'est qu'ils s'aiment
réellement, et alors je viendrai à eux et leur
dirai :

» L'épreuve est finie, venez dans mes
bras, mes enfants, mes chers enfants! je vous
aime trop pour ne pas vouloir votre bonheur. »

Le comte ouvrit ses bras, appelant du regard Clémentine et son fils.

Émus, étonnés, tous deux se précipitèrent. Il les serra sur son cœur, et même une larme d'attendrissement brilla dans ses yeux.

« Allons, dit-il à Mme Marfeld, pardonnez-moi la peine involontaire que je vous ai faite, et tendez-moi, en signe de réconciliation, votre blanche main. »

Mme Marfeld la lui tendit et pressa la sienne avec effusion.

« Merci de vos bonnes paroles, cher comte : j'aurais vu avec un amer regret nos enfants s'unir un jour, s'il leur avait manqué votre bénédiction. »

Le banquier serra à son tour la main du comte.

La causerie la plus intime s'établit entre eux.

« Avouez, mes enfants, disait le comte, que, si votre amour n'avait pas résisté au premier obstacle, c'est qu'il se serait bien vite enfui, chassé par le mariage, ce sacrement qui tue plus souvent ce tendre sentiment qu'il ne le fait naître.

» Tenez, faut-il vous 'le dire? mon fils m'a quitté, il n'a plus même cherché à me voir : eh bien ! je suis enchanté de lui, il a l'âme fortement trempée, il est digne de ses aïeux, et, de plus, ce que je n'aurais jamais cru, le voilà en train de se faire une belle position.

» Vous, ma chère Clémentine, vous avez toute mon admiration. Auparavant, je ne connaissais que votre beauté, votre aimable caractère ; maintenant, je connais votre courage, votre dévouement filial. Celle qui est une si bonne fille ne saurait être qu'une bonne et parfaite épouse.»

Le comte, reprenant un air grave, dit :

« M. Marfeld, voulez-vous me faire l'honneur de m'accorder la main de votre fille pour mon fils?

— De tout mon cœur, répondit d'une voix joyeuse le banquier.

— Toi, mon fils, use d'adresse et de finesse pour savoir si Clémentine te prend volontiers pour époux. »

Il dit cela au vicomte avec un air de malice plein de bonhomie... en regardant les deux futurs se presser tendrement la main et échanger un doux regard.

« A présent, mes enfants, vous voilà fiancés. Mon avis est, si toutefois vous le partagez, continua le comte en s'adressant aux parents de la jeune fille, que nous retardions encore le mariage de six mois : d'ici-là, j'userai de mon influence pour faire avancer rapidement mon fils. »

Cet avis fut approuvé, à regret par les jeunes gens, mais à l'unanimité par les parents.

La soirée se termina gaîment ; le comte demanda et obtint, cela va sans dire, la permission de revenir souvent voir celle qu'il appelait sa belle-fille.

Le fils et le père s'en allèrent ensemble.

« Allons, enfant, dit le comte, je t'ai fait souffrir pour ton bien : point de rancune. Demain rentre à l'hôtel. Il faut faire des économies pour ton futur ménage ; supprime ton appartement de garçon. »

En effet, le vicomte se réinstalla le lendemain chez son père.

» Ma pauvre mère, pensait-il, l'avait jugé un peu sévèrement : si ses paroles sont sceptiques, son cœur est bon. »

Et il était heureux de n'avoir plus à condamner son père. Un sentiment tout nouveau à son égard entrait dans son cœur ; il oubliait ce qu'il avait connu de lui et ne pensait plus qu'à ce qu'il était à présent.

Pauvre jeune homme ! s'il avait entendu la conversation de son père avec le ministre des affaires étrangères, à huit jours de là, ses illusions se seraient bien vite évanouies !

Cette conversation se tint dans le cabinet dudit ministre, cabinet bien clos ; Raoul n'en sut rien. Mais nous allons la connaître, nous.

« Mon cher, disait le comte, au nouveau ministre, voilà un mois à peine que vous êtes au
ministère et déjà j'ai une faveur à vous demander.

— Tant mieux, comte, ce sera un vrai plaisir
pour moi de pouvoir obliger un ancien ami; de
quoi s'agit-il?

— Voici : Mon fils est attaché à votre ministère ; votre prédécesseur, qui était très-lié avec
le père de ma femme, l'a fait entrer à de très-
bonnes conditions.

—Je comprends, interrompit le ministre, vous
voulez que je continue à le protéger ; mais comment donc, cela va de soi, croyez-le bien.

— Merci, chère Excellence, mais je voudrais
encore autre chose, je voudrais... mais il faut
absolument, avant de vous adresser cette requête
que je vous fasse une petite confidence, car sans
cela ma demande vous paraîtrait singulière.

— Je vous écoute, comte. »

Notre ministre s'allongea commodément dans un fauteuil, croisa ses jambes, ouvrit son étui à cigares, en prit un et en offrit un autre à son interlocuteur, en lui disant : « Rien ne dispose mieux à bien écouter une confidence qu'un bon cigare et un bon fauteuil ; me voilà dans d'excellentes conditions ; je suis tout oreille. »

Le comte reprit la parole en ces termes :

« Vous savez, cher ami, que je n'ai qu'un fils unique, fils que j'aime tendrement, pour qui je rêve un brillant avenir, à qui je voudrais faire faire un riche mariage, n'ayant moi-même que fort peu de fortune à lui laisser... eh bien ! il est à la veille de faire une insigne folie !

— D'épouser une fille sans dot ?

— Précisément ; vous connaissez bien ce banquier Marfeld, qui s'est ruiné complétement, dont même l'hôtel a été saisi, et à qui il ne reste plus que des dettes ?

— Ah ! oui, un très-brave homme pourtant, qui

a été ruiné, ce me semble, par suite de plusieurs
faillites dont il a été la victime?

— Et par mille autres raisons aussi, dont la
moindre était d'afficher un luxe princier, répondit le comte. Figurez-vous qu'avant leur ruine
j'avais fait à ces gens-là quelques ouvertures de
mariage entre nos enfants, et ils m'avaient fait
comprendre que leur fille était une trop riche
héritière pour mon fils. Mais depuis leur décon-
fiture, ils se sont ravisés! Le père, la mère et la
fille, une petite rouée s'il en fut, ont si bien cir-
convenu mon pauvre Raoul, les uns par leurs
prévenances, l'autre en lui faisant les yeux doux
et en jouant l'amour avec lui, que mon fils s'est
laissé prendre au piége, et veut maintenant bon
gré mal gré épouser Mlle Marfeld. »

On le voit, ce cher comte arrangeait l'histoire
à sa façon.

Hélas, que de fois elle est ainsi contée et écrite!

« C'est peu délicat de la part de cette famille d'agir ainsi, dit le ministre, alors surtout

qu'ils avaient repoussé vos ouvertures quand leur fille était riche.

— C'est plus qu'indélicat, c'est affreux, à mon avis, et voyez-vous la jolie bru que j'aurais là, sans un sou vaillant et pour toute dot ses parents à nourrir! J'ai essayé en vain de faire comprendre à Raoul qu'un mariage pareil briserait son avenir, et qu'il le jetterait dans la misère... ça a été peine perdue. J'ai voulu me fâcher, et cela a été pire encore... Vraiment, il faut qu'on l'ait ensorcelé, lui si doux et si timide, pour qu'il se soit emporté au point de quitter mon hôtel et de venir solliciter une place sans m'en rien dire. Il a été jusqu'à déclarer à la famille Marfeld qu'il épouserait leur fille sans s'arrêter à ma défense.

— Et ces gens-là ne lui ont pas dit qu'ils ne pouvaient consentir à un mariage qui le brouillerait avec vous?

— Allons donc! ils s'en sont bien gardés... Ils voient que leur fille devient impossible à établir, et ils ont mis la main sur le seul parti qui s'est présenté. Mais je veux empêcher ce mariage à tout prix. Je ne dois plus songer à rappeler mon fils à la raison, car, plus je lui dirai qu'il fait une folie, plus il s'y obstinera. Il faut donc changer de tactique, et, au lieu de travailler à améliorer la position de mon fils, faire mon possible pour la rendre difficile. Si donc votre Excellence me promet de lui refuser la place qu'il demande, cela me donnera un an ou deux, et pendant ce temps, j'espère bien arriver à lui faire oublier son amourette et à le soustraire à l'influence de cette famille. Ce qui m'arrangerait le mieux, ce serait de pouvoir l'éloigner de Paris pour quelque temps.

—Je comprends à présent, cher comte, ce que vous venez me demander pour votre fils ; un bon petit poste en Espagne ou en Amérique, comptant sur les beaux yeux des Espagnoles ou sur les grâces excentriques des Américaines pour le guérir de son amour. Est-ce cela ?

—Parfaitement, Excellence, vous avez admirablement deviné ma pensée.

—Mais, deviner la pensée, le but, le désir caché des gens qui me parlent, c'est mon métier, cher comte, on n'est pas diplomate pour rien. Vous avez de la chance, l'élève consul du consulat de Naples vient de mourir, si cela vous va je nommerai le vicomte à ce poste. Les Napolitaines sont peut-être moins séduisantes que les Espagnoles, Naples est moins éloigné de Paris que l'Amérique ; mais enfin si ce remède ne suffit pas, nous l'enverrons au Japon ou en Chine.

— Quoi, vraiment ! vous nommeriez Raoul à Naples ? Comment vous exprimer ma reconnaissance !...

— Allons donc, ne parlons pas de cela, entre amis, s'obliger est un devoir et un plaisir... Savez-vous que si Monsieur votre fils, malgré es Napolitaines, reste fidèle à ses amours, c'est qu'il ressemble peu à son père... De notre temps, avouez-le, cher comte, la constance était

peu connue et surtout peu pratiquée par les
jeunes gens de vingt-cinq ans.

— C'est vrai... que voulez-vous? la jeunesse
d'aujourd'hui ne sait plus vivre. Mais j'ai encore
un service à vous demander.

— Lequel? Serait-ce par hasard de lui trouver
une riche héritière? dit le ministre en riant.

— Non, je me chargerai moi-même de ce soin;
c'est de ne pas laisser soupçonner à Raoul un
seul mot de notre entretien, car s'il venait à
savoir que j'ai sollicité son éloignement, tout
serait perdu et il serait capable de se marier sur-
le-champ; en tout cas il refuserait le poste de
Naples, tandis que, ne se doutant de rien, il ac-
ceptera avec empressement, voyant dans cette
nomination un moyen de hâter son avancement, et par conséquent son union avec celle
qu'il aime.

— Je comprends très-bien votre inquiétude,
mais vous pouvez compter sur ma discrétion. »

Là-dessus, le ministre des affaires étrangères

16.

et le comte de Verdois se séparèrent, après avoir échangé une cordiale poignée de main.

Trois jours après, pour cimenter leur réconciliation, le comte s'était invité sans façon à dîner chez la famille Marfeld.

Le marquis de Bolène y dînait aussi, car il était devenu l'assidu de la maison. Le comte avait ses raisons pour y dîner ce soir même ; il savait que le ministre venait de proposer le poste de Naples à son fils, et il voulait qu'il lui fît part de cette nouvelle devant la famille de sa future.

En effet, Raoul arriva sombre et pensif ; il sortait du ministère.

« Quel air lugubre avez-vous là, mon fils, lui dit en riant son père.

— Lugubre, non, mais préoccupé. » Il raconta alors ce que son ministre venait de lui proposer.

Le comte écoutait avec un étonnement admirablement joué.

« Ce serait certainement, dit Raoul, le meilleur moyen d'arriver à un avancement rapide ; mais j'avoue que se séparer de celle qu'on aime est un acte par trop héroïque. »

M. Marfeld et le marquis furent d'avis que Raoul devait accepter.

Clémentine à la seule pensée du départ de son fiancé, avait pâli ; elle resta silencieuse sans entendre ce qui se disait autour d'elle.

Le comte ne se mêla pas à la discussion, il vint s'asseoir près de Clémentine et lui dit galamment : « Pour moi, je sais bien que si j'avais une aussi jolie fiancée, je n'aurais jamais le courage de la quitter, ne fût-ce que pour six mois, j'aurais trop peur que l'absence ne me chassât de son cœur.

— Moi l'oublier ! dit la pauvre enfant, jamais ! c'est bien plutôt lui qui m'oubliera.

— Allons donc ! où donc pourrait-il trouver autant de grâces et de perfection ? »

Raoul, sous le coup d'une hésitation bien

naturelle, désolé de s'éloigner de sa bien-aimée;
mais voyant bien d'un autre côté que cette nomination pourrait rapprocher le jour de son mariage, restait indécis.

La question fut sur le tapis toute la soirée,
et enfin il fut convenu et arrêté que Raoul irait
à Naples.

On le voit, le comte avait atteint son but, tout
en étant le seul à avoir l'air d'en être très-peu
satisfait. Aussi un fin observateur eût-il pu voir
errer sur ses lèvres un sourire d'ironique satisfaction, tandis qu'il faisait des compliments de
condoléances, en apparence très-sincères, à son
fils et à celle qu'il nommait déjà sa charmante
bru, sur ce qu'il appelait une dure nécessité.

Un mois après cette soirée, le vicomte de
Verdois partait pour Naples.

Les adieux des jeunes gens furent tristes et
touchants. « Songez à votre pauvre Clémentine,
disait la jeune fille; songez à celle qui va tant
souffrir loin de vous; n'oubliez jamais que votre

amour est son seul bonheur, qu'elle vous a donné son âme, sa vie et son cœur.

— Votre image sera toujours présente à ma pensée, répondait le jeune homme. Croyez qu'il faut tout le désir que j'ai de voir bientôt arriver ce jour heureux où je pourrai vous appeler ma femme, pour que je me résigne à vous laisser ainsi ; croyez que je vous aime bien tendrement et que mon cœur sera toujours près de vous. »

Les deux amants échangèrent des anneaux, puis le chemin de fer, avec son implacable vitesse, emporta loin de Paris le fiancé de Clémentine.

Clémentine, émue et attristée, regardait mélancoliquement le dernier nuage de fumée que la chaudière lançait dans les airs; lui, agitait son mouchoir et envoyait un baiser, chargeant la brise de le porter à celle qu'il croyait aimer pour la vie.

Pour la pauvre enfant, l'existence allait devenir bien triste; plus de ces douces soirées passées en tendres causeries, plus de châteaux en Espagne, faits à deux, de ces rêves dans l'avenir qui sont plus fragiles qu'une toile d'araignée.

L'avenir! que ce mot a quelque chose d'effrayant, quand on y réfléchit bien... c'est peut-être la tombe et la froide pierre du sépulcre, c'est peut-être une immense douleur, mais presque toujours c'est une déception... Et pourtant il est si doux de faire des rêves, de bâtir des châteaux en Espagne!!

Quand le présent est triste, le passé indifférent, on se rejette sur l'avenir — et l'on espère! Pourquoi? On ne pourrait le dire; mais que serait la vie sans cette douce espérance?... Qu'ils le disent, ceux qui n'ont plus rien à espérer ici-bas.

—

CHAPITRE VI

Quels changements la déesse Fortune aux fantasques caprices sait amener dans une famille ! !
Il y avait six mois, M. Marfeld était dans un hôtel somptueux, une nombreuse valetaille était là, prompte à exécuter ses ordres, à deviner ses pensées ; il était riche, entouré de flatteurs et d'amis, le bonheur le plus parfait lui paraissait assuré... Sa femme, sa fille, vivaient heureuses, sans d'autres soucis que celui de penser à leur toilette et de tirer parti pour tel ou tel bal du luxe le plus raffiné ; l'avenir, à travers un déluge

de dentelles, de fêtes et de fleurs, leur apparaissait rose et brillant.

A présent, dans un appartement plus que modeste, où l'on voit à peine le strict nécessaire, M. Marfeld est là, vieilli, cassé, méconnaissable. Ces six mois ont transformé en fils d'argent sa chevelure, et ont creusé des rides plus profondes sur son front; sa taille s'est courbée et lui-même est sombre et taciturne.

Mme Marfeld, elle aussi, est bien changée; je vous la peignais au commencement de ce récit, comme une femme de quarante ans dans tout l'éclat de sa beauté d'automne, maintenant on lui en donnerait plus de cinquante. Avez-vous remarqué quelquefois dans un jardin, une rose arrivée à sa plaine floraison, au milieu du terme de sa vie, c'est-à-dire au milieu du jour... elle est fraîche, pimpante; mais qu'un orage survienne, qu'il s'abatte sur elle, vous la retrouverez flétrie, tristement penchée sur sa tige brisée ; l'heure de la tempête a compté triple pour elle.

Les heures d'angoisses et de douleurs comptent aussi triple pour les femmes, ces roses animées de la création.

Clémentine est restée forte et courageuse, la séve de la jeunesse la soutient, pourtant, depuis le départ de son fiancé, un nuage obscurcit parfois son front, son grand œil brun, fixé dans le vide, semble chercher l'image de celui à qui son cœur s'est donné.

Oui, on aurait de la peine à reconnaître dans les habitants du rez-de-chaussée de l'avenue de Neuilly, les anciens propriétaires du somptueux hôtel Marfeld ! Et tout cela pour quelques pièces d'or de moins ! ! Quelle est donc la puissance de ce métal, pour qu'il puisse ainsi à son gré et à son caprice, faire et défaire les existences, briser les plus fortes positions, pousser au crime, à la lâcheté, et forcer quelquefois même au suicide ?

17

Et chacun s'incline devant ce Dieu qui ne connaît point d'athées, car tous y croient et l'adorent. Les hommes crient sans cesse : Vive la liberté, à bas les tyrans ! d'une main hardie et téméraire ils brisent les trônes et renversent les despotes. Mais l'or, lui, personne n'attente à sa royauté et sa souveraineté absolue traverse les âges et les temps.

Que les hommes sont donc inconséquents !! cette royauté n'est pas meilleure qu'une autre et tout le monde s'y soumet sans avoir rien inventé pour la remplacer. Je me suis souvent demandé, si quelque esprit malfaisant ne se serait pas par hasard métamorphosé en or pour perdre le genre humain ; en tout cas, il est certain que ce vil métal envoie, à lui tout seul, plus d'hommes en enfer que les sept péchés capitaux.

L'intérieur de cette famille était donc triste, monotone, rempli de sombres préoccupations pour l'avenir. De toutes les connaissances qu'ils avaient eues au temps de leur prospérité, de tous ces amis, jadis si aimables et si zélés, bien peu venaient les voir même par simple politesse. Quelques dames seulement, parmi les anciennes amies de Mme Marfeld et les amies de pension de Clémentine, étaient restées à moitié fidèles ; mais ces visites n'étaient pas une distraction pour les pauvres délaissées, car, avec ce manque de tact et de délicatesse que n'ont, hélas ! que trop souvent les gens heureux, ces dames leur disaient sans cesse de ces paroles banales, faites bien plus pour froisser une affliction que pour la consoler, et il était facile de voir que ces quasi-consolations partaient de cœurs secs et froids ; elles venaient raconter les derniers bals, citer l'éclat des toilettes qui s'y faisaient admirer, elles parlaient plaisirs mondains à ces pauvres femmes arrachées par la misère à ce monde.

Pas une de ces dames ne semblait comprendre que cette pauvre Clémentine, n'ayant pour toute distraction que son travail et la vue de la tristesse de ses parents, il n'était pas charitable de venir lui parler de bals et de plaisirs auxquels il ne lui était plus permis de prétendre. Ah! comme le tact est une chose rare dans ce monde!

Quelqu'un a dit : « L'esprit court les rues. » Je crois que si le tact pouvait les traverser seulement, il y aurait tout à gagner ; mais, hélas! il quitte rarement sa solitude. Combien ne trouve-t-on pas de gens spirituels, distingués, bons au fond et qui en manquent complétement. Et pourtant le tact est souvent préférable à l'esprit, il peut même le remplacer avantageusement. Un homme d'esprit peut dire et faire une maladresse, celui qui a du tact n'en fera ni n'en dira jamais. Un volume suffirait à peine pour développer ce sujet.

Les visites dont nous parlons, au lieu d'être une distraction pour la famille Marfeld, étaient au contraire pour elle une pénible corvée. Le comte du Verdois, vint d'abord les voir assez assidûment ; il se montra d'une cordialité char-

mante et surtout pour la fiancée de son fils.
Puis, peu à peu ses visites devinrent moins fré-
quentes; un jour, enfin, il vint prendre congé
d'eux : « Je vais, leur dit-il, passer quelques
mois à Naples pour tenir compagnie à ce pauvre
enfant et l'aider à supporter l'ennui de son exil. »

Le marquis de Bolène, seul, resta le fidèle
compagnon de la famille. Quand Clémentine
n'était pas là, il s'occupait de M. et de Mme Marfeld, faisait le troisième au wisth et essayait par
sa bonne humeur d'apporter un peu de gaîté
dans ce ménage si fort éprouvé.

Lorsque Clémentine rentrait de ses leçons, il
s'entretenait avec elle de Raoul. La nature franche et loyale du marquis avait captivé la jeune
fille; elle l'aimait d'une sincère amitié, lui faisait ses confidences et causait à cœur ouvert
avec lui; elle lui laissait deviner, sans le vouloir, les trésors d'amour chaste et pur qu'elle
conservait dans son cœur pour celui qu'elle
nommait son cher fiancé.

17.

C'est qu'elle l'aimait bien… ce Raoul qui s'é-
tait montré si noble, si désintéressé, qui avait.
bravé même la colère paternelle pour lui donner
sa foi. Il fallait voir sa joie lorsque le courrier
lui apportait une bonne et longue lettre du vicomte, lettre dont chaque ligne était remplie
d'un mot de tendresse et du vif désir de voir
finir bientôt cette cruelle séparation.

Elle lui écrivait bien longuement, elle aussi,
et ses lettres étaient imprégnées de ce doux parfum qu'exhale le cœur d'une jeune fille, alors que
l'amour le fait battre pour la première fois.
Amour pur, candide et pourtant ardent… c'est
là le vrai amour, celui qui part du cœur, s'empare de l'âme et devient inspiration de la vie
entière.

Le premier amour !!…

Son seul souvenir fait tressaillir à tout âge, le
vieillard même n'en parle qu'avec une sainte
émotion ! !

Le marquis lisait donc à livre ouvert dans la

belle âme de Clémentine, vierge encore de tout regard profane, et il trouvait un charme tout nouveau dans cette situation ; il se laissait entraîner à une douce intimité, sans se rendre compte du danger qu'elle pourrait avoir pour lui. Passer un jour sans venir voir celle qu'il appelait sa fille et qu'il croyait de bonne foi aimer comme son enfant, lui eût paru un supplice. Il vint donc tous les jours, et c'est ainsi que ce pauvre marquis glissa sur la pente de l'abîme. Sans le savoir, il aimait cette gracieuse et courageuse jeune fille d'un amour ardent et jaloux, comme il en vient parfois au cœur de l'homme de quarante ans, qui, après avoir usé sa vie dans des folies passagères, conserve son cœur vierge et intact. Il aimait pour la première fois ! chose terrible à quarante ans ! car cet amour-là est tenace et ne finit qu'avec la vie.

Ce fut un moment affreux pour lui, que celui où il s'aperçut qu'il aimait Clémentine, non comme un père, mais comme un amant.

Comment s'en aperçut-il? je vais vous le dire.

C'était un jeudi. Clémentine n'avait point de leçons à donner ce jour-là et le marquis venait pour lui tenir compagnie, ou pour proposer à toute la famille d'aller passer la journée à la campagne.

« Monsieur et Madame sont sortis, lui dit Jacques, mais Mademoiselle est au jardin... »

Il s'y rendit.

Le jardin était petit, un chèvrefeuille et un acacia formaient dans le fond une salle de verdure; un banc s'y trouvait. C'était, quand il faisait beau, la place de prédilection de la jeune fille... Elle y était ce jour-là.

Le temps était superbe, l'air doux, le soleil brillant; les roses du jardin mariaient leur parfum à celui des autres fleurs. Véritable journée pour faire naître l'amour, car tout dans la nature semblait chanter, soupirer ou gazouiller des mots d'amour.

Clémentine, sans s'en rendre compte, avait

subi cette influence. A moitié allongée sur le banc, ses cheveux bruns et soyeux débouclés, la tête appuyée sur son bras, les paupières à demi baissées et la bouche entr'ouverte par un ineffable sourire ; elle était là, enveloppée dans un simple peignoir de mousseline qui laissait deviner une gorge ferme et admirablement modelée, des épaules blanches et potelées ; son pied mignon et si finement cambré que Cendrillon en eût été jalouse, se montrait jouant distraitement dans une petite babouche rouge, son teint était coloré par un vif incarnat, un air de céleste bonheur illuminait toute sa personne.

Vraiment elle était belle, bien belle ainsi ! !

Le marquis ravi s'arrêta à quelques pas, la contemplant avec un étonnement et une émotion indescriptibles. Jamais il ne l'avait vue si belle, si séduisante. Elle lui apparaissait sous un jour tout nouveau.

Jusque-là, il aimait, il admirait en elle le

cœur, l'esprit, le dévouement filial ; maintenant il se surprenait admirant la femme.

En la regardant, il détaillait sa beauté et son cœur battait avec force, sa joue devint pâle, tandis que ses yeux s'animaient d'un feu étrange.

Un craquement de branche fit tressaillir Clémentine ; elle poussa un petit cri de gazelle effarouchée, et, se levant brusquement, elle s'écria : « Ah ! c'est vous, marquis, vous m'avez fait une grosse peur, et pourtant soyez le bienvenu, » et elle lui tendit sa petite main en souriant.

Il la prit dans les siennes, puis y déposa un long baiser, sans se rendre compte de ce qu'il faisait : il se sentait ému et tremblant comme un enfant pris en faute par des parents sévères.

« Mon Dieu qu'avez-vous, marquis ? seriez-vous souffrant ? vous êtes tout pâle...

— Je crois que je suis malade en effet, balbutia le délinquant en s'asseyant auprès d'elle.

— Si vous n'en êtes pas bien sûr, ce n'est pas grave... Du reste je suis si heureuse aujourd'hui que je serais doublement désolée si vous vous trouviez triste ou souffrant, car cela gâterait tout mon bonheur. Vous savez, ami, combien je vous aime... »

Le marquis tressaillit et répéta machinalement : « Vous m'aimez ?

— Eh bien ! mais qu'avez-vous donc aujourd'hui ?... vous êtes tout extraordinaire... Cela a l'air de vous étonner que je vous dise que je vous aime ; ne le savez-vous pas bien ? vilain méchant... ne m'aimez-vous donc pas, vous aussi ?... »

Et elle le regardait, la naïve enfant, avec un regard doux et tendre, un sourire charmant ; et lui, sous ce regard, frissonnait de tout son être oubliant qu'elle l'aimait comme un ami et pas autrement.

Il oubliait tout, car l'amour prenait possession de son être, avec cette force et cette impétuosité qu'il se sentait déjà impuissant à combattre.

« Si je vous aime Clémentine ! » et il se mit à genoux devant elle, la couvrant d'un regard brûlant.

Elle le regarda toute étonnée, mais sans comprendre la transformation qui venait de s'opérer dans ses sentiments ; pourtant elle se sentait mal à l'aise, ne pouvant se rendre compte de la raison qui faisait mettre le marquis à genoux aujourd'hui, pour lui dire qu'il l'aimait, tandis que si souvent il le lui avait répété d'une façon toute différente. « A propos, vous ne me demandez pas ce qui me rend si heureuse ? » lui dit-elle pour changer le tour de ces idées.

« Qu'est-ce donc ? fit machinalement le marquis.

— Je viens de recevoir une lettre de Raoul. »

Ce nom fit bondir le marquis. Il se releva en sursaut, son rêve finissait... Raoul ! ! ce nom le rappelait à la triste réalité... il n'avait pas le droit d'aimer... l'amour lui était interdit!... et en tout cas il devait être refoulé au plus profond de son cœur... Celle qui était là devant lui en aimait un autre, et cet autre était son ami...

Tout cela lui vint à l'esprit tout à coup, et faisant un effort pour raffermir sa voix et dissimuler son trouble, il lui dit : « Ah ! vraiment, montrez-moi donc cette lettre. »

La pauvre enfant tira en rougissant un petit pli coquet de son corsage et le lui tendit... il était tout tiède et tout imprégné d'elle !!

Comme il eût désiré pouvoir le porter à ses lèvres ! ! !

Il se mit à lire, mais en lisant ces phrases pleines de tendresse, qu'adressait à celle qu'il aimait celui qui en avait le droit, la jalousie le mordit au cœur ; il se prit à détester Raoul autant qu'il l'avait aimé jusque-là.   .   .   .   .

.   .   .   .

Le soir, en rentrant chez lui, il se sentit pris d'un malaise insurmontable. « Ai-je été assez jeune, assez inexpérimenté? se disait-il, pour croire que je pourrais voir chaque jour cette belle et gracieuse jeune fille sans l'aimer !

» Il est un proverbe vieux comme le monde, et qui pourtant est bien vrai :

» Il ne faut pas jouer avec le feu.

» J'ai joué avec, et me voilà brûlé, bien brûlé ! hélas ! et la plaie sera lente à guérir, qui sait même si la guérison en sera possible ! J'ai quarante ans ! et à cet âge on n'en revient plus. Oui ! ce sera mon dernier amour, je le sens et je le crains surtout. »

D'autres pensées encore affluaient vers son cœur... Pourquoi ne l'ai-je pas connue avant lui !... Quel indéchiffrable grimoire que le cœur humain !! Ce n'est certainement pas la faute de Raoul, s'il l'a connue, appréciée et aimée avant moi : mais pourquoi a-t-il eu le bonheur d'être payé de retour?...

« Ce n'est pas son mérite qui lui vaut cette heureuse chance. Tant de gens qui mériteraient d'être aimés et ne le sont pas... Les femmes sont si bizarres, si fantasques!!! Sait-on pourquoi elles aiment et pourquoi elles n'aiment pas?... Allons! la douleur m'égare, me rend injuste... Ne sommes-nous pas comme elles?... L'amour nous vient au cœur sans nous crier gare, sans que nous nous en apercevions même; il y vient pour faire notre malheur ou notre bonheur, suivant les desseins de la Providence. C'est une loi de Dieu qu'il est impossible de changer...

» Chez moi, l'amour est venu pour mon malheur! Soyons homme avant tout, et sachons supporter ce que nous ne pouvons empêcher!...

» C'est égal, j'aimais Raoul, je faisais des vœux pour lui et à présent...

» Oh! ce sentiment me fait honte! »

Le marquis se jeta dans un fauteuil et, se couvrant la tête de ses mains, il resta plongé dans une profonde rêverie... par moment ses mains se crispaient, ses pieds battaient le parquet avec rage... « Pouvoir la nommer ma femme! passer

ma vie avec elle, l'entourer de mon amour, quel
ineffable bonheur ce serait pour moi!! et comme
je saurais l'apprécier et le conserver!! tandis
que lui! Il est si jeune, saura-t-il s'en rendre
digne? Il est bon, noble et dévoué, il est vrai;
mais la jeunesse a tant d'entraînements involon-
taires qu'il lui sera bien difficile d'y résister... et
il la fera souffrir un jour, peut-être!

» Allons, allons, il faut en prendre son parti.
Raoul sera son époux; il l'adorera, elle lui
donnera toute son âme, toute sa vie, et moi je
vivrai seul, je vivrai dans l'isolement et l'oubli!
Fou que j'étais de médire du mariage! là est le
véritable bonheur, ce n'est qu'à présent que je
m'en aperçois; mais, hélas! il est trop tard! car
celle que j'aime ne peut plus être à moi!!!

» Je serais même un malhonnête homme si je
tentais de me faire aimer d'elle! je trahirais
l'amitié, la confiance de Raoul, de celui qui m'a
dit en partant : — Je vous recommande ma
fiancée et sa famille si cruellement éprouvée;

que votre bonne affection les soutienne, leur fasse un peu oublier leur triste position… Parlez souvent de moi, de ma vive tendresse à Clémentine, afin que l'absence ne me chasse pas de son cœur!… Non, ce serait une lâcheté!!

» Et puis, lui ! il est jeune et beau, et moi ! je grisonne, les années ont imprimé des rides à mon front, ne serait-ce pas une sotte prétention de ma part, de vouloir supplanter Raoul dans son cœur ? »

Le marquis, sur cette pensée, se leva et alla s'accouder sur une console pour plonger son regard dans la glace. Son large front, d'un blanc mat, avait bien quelques rides précoces, mais ses grands yeux noirs n'avaient rien perdu de leur éclat.

Quelques fils d'argent se montraient bien au milieu de sa noire chevelure, mais dans le siècle où nous vivons, qui n'a pas de cheveux blancs, à vingt ans même?

Le résultat de cet examen ne fut pas à ce qu'il

paraît défavorable, car un sourire de satisfaction erra sur ses lèvres, sourire qui voulait dire : « Je ne suis pas encore trop mal. »

Il se rassit plus calme et se mit à réfléchir, puis, tout à coup, il se leva et sonna violemment.

Jean, son valet de chambre, accourut en toute hâte. « Jean, dit le marquis, il faut tout préparer, nous allons partir pour un long voyage.

— Un long voyage ? je croyais que Monsieur.....

— Qu'est-ce que tu croyais?... obéis et ne raisonne pas. »

Jean, sans se laisser intimider, reprit : « Mais, Monsieur, où allons-nous?...

— Cela ne te regarde pas.

— Au contraire, Monsieur le marquis, cela me regarde beaucoup, il faut d'autres vêtements à Monsieur le marquis suivant que nous irons au Nord ou au Midi.

— Il a raison, se dit le marquis, et moi j'ai tort de me fâcher, et il reprit d'un ton radouci : Eh bien, mon pauvre Jean, emporte tout ce que tu voudras... mais comme je ne sais pas moi-même où je vais, je serais bien embarrassé de te le dire.

— Monsieur le marquis ne sait pas où nous allons? fit Jean au comble de l'étonnement.

— Eh bien ! après? n'as-tu pas compris que je ne pars pas pour voyager, mais pour fuir Paris ?

— Fuir Paris ! et pourquoi cela? une si belle ville !... murmurait Jean tout en faisant les préparatifs du départ pour son maître et pour lui. »

Le marquis se mit à arranger ses papiers, il écrivit plusieurs lettres, il en écrivit une à Clémentine : « Une affaire impérieuse me force, lui disait-il, à m'éloigner pour deux ou trois mois; voilà, chère amie, ce qui me rendait triste et morose hier. Je penserai souvent à vous, à votre bonne et excellente famille... Vous, chère Clémentine, gardez-moi une petite place dans votre cœur et croyez-moi pour la vie votre meilleur ami... »

« Ne pouvoir même lui dire que je l'aime, la quitter ainsi ! n'est-ce pas désespérant ? Et pourtant, il le faut, car je le sens, je n'aurai plus la force de cacher mes sentiments, et elle doit les ignorer toujours. »

Le lendemain il partait. Il quittait Paris le cœur navré de douleur, mais avec le sentiment d'un devoir accompli.

Clémentine, en recevant son billet, demeura stupéfaite. Le seul ami qui lui restait, celui avec qui elle pouvait parler de son Raoul, la quittait ainsi, sans dire où il allait. Une larme perla à ses paupières ;... « Partir sans venir nous serrer la main, c'est bien mal à lui, » se dit-elle.

Ce départ fut un chagrin pour toute la famille ; mais comme l'égoïsme entre toujours pour

beaucoup dans les sentiments humains, on re-
procha surtout à l'ami fidèle de n'avoir pas
songé au vide que son absence allait laisser dans
cet intérieur déjè si triste.

CHAPITRE VII

LE COMTE DU VERDOIS — LA JULIA

« Oui, Julia, vous êtes une belle et séduisante créature, je ne m'étonne pas si tous les hommes sont à vos pieds ; et si ce vieux lord anglais s'est pendu de désespoir pour n'avoir pu vaincre vos rigueurs : je trouve qu'il eut raison. Sur mon âme ! jamais plus ravissante créature n'est descendue du ciel ici-bas.

— Avez-vous fini, comte ? savez-vous que ce que vous me dites là, plus de cent personnes me l'ont déjà dit ; je sais très-bien que je suis belle, très-belle... A quoi bon me le répéter ?

Au lieu de me débiter des fadeurs, vous feriez bien mieux d'aller me chercher chez Maretti ce collier que nous avons admiré hier en promenant. »

Le comte fit une légère grimace, le collier valait la bagatelle de vingt mille francs.

« Eh bien, vous n'êtes pas encore parti !

— Écoutez, Julia, dit le comte, ce collier vous l'aurez, mais j'y mets une condition.

— Je les ai en horreur.

— Écoutez d'abord ; celle-ci vous plaira, fantasque enfant, car c'est un défi.

— Un défi ! et elle fixa sur le comte un regard interrogatif.

— Oui, il est un homme dont je vous défie de tourner la tête... si vous y parvenez, le collier est à vous.

— Et cet homme se nomme...

— Le vicomte de Verdois, mon fils. »

Pour le coup, la courtisane n'y comprit plus rien. C'était la première fois qu'elle voyait un père demandant à une femme comme elle de tourner la tête de son fils. Cette proposition l'étonna.

« Eh pourquoi, s'il vous plaît, désirez-vous que je fasse la conquête de votre fils ?

— D'abord, je ne vous ai pas dit que je désirais que vous fissiez sa conquête, je vous ai défiée de la faire.

— Voyons, comte, jouons cartes sur table ; si vous ne désiriez pas que votre fils devînt amoureux de moi, vous ne me feriez pas ce défi, car vous savez bien que, si je le veux, je réussirai.

— Vous avez raison, jouons cartes sur table : je désire, en effet, que vous parveniez à vous faire aimer de mon fils.

— Que je parvienne!!! savez-vous, comte, que vous êtes impertinent?

— Si je crains que vous ne réussissiez pas, ce n'est pas, croyez-le bien, Julia, que je doute de votre pouvoir; mais mon fils a, hélas! un amour au cœur, et vous ne l'en chasserez pas facilement.

— Bien, je comprends ! vous êtes un adepte de l'homœopathie, *similia similibus,* vous voulez qu'un second amour chasse le premier. Guérir l'amour par l'amour ; l'idée est assez originale...

— Oui, c'est là mon but, seulement, puisque nous jouons à jeu découvert, je vous avouerai que je voudrais que ce second amour fût moins tenace que le premier.

— A merveille, une fois le premier amour guéri, vous ne vous souciez pas non plus du second.

— Vous devinez ma pensée avec une rare perspicacité.

— C'est un joli rôle que celui que vous voulez me faire jouer !

— C'est une mission de haute importance que je vous confie, vous aurez droit à ma reconnaissance et le fameux collier sera à vous.

— Mais est-ce très-prudent ce que vous faites

là? Car enfin, après vous être débarrassé de l'amour qui vous gêne, êtes-vous bien sûr de celui que je ferai naître pour moi? Qui vous dit que si votre fils vient à m'aimer, il ne m'aimera pas éternellement. »

Le comte eut un mauvais sourire : « En amour, ma chère, je ne crois pas à l'éternité.

— Alors, pourquoi n'attendez-vous pas que ce premier amour finisse de lui-même?

— C'est que celui-ci pourrait bien durer toujours.

— Ah ! ceci est encore flatteur pour moi.

— Écoutez-moi attentivement : la jeune fille qu'aime mon fils est une enfant pure et candide.....

— Bravo ! et moi je suis une fille perdue. On peut bien m'aimer, n'est-ce pas, pour un temps déterminé et puis me laisser là!! »

Julia dit cela avec amertume; elle se sentait blessée au cœur. Elle reprit après un instant de silence : « Mais il y a un cas que vous n'avez pas prévu, cher comte, si je devenais amoureuse de votre fils, croyez-vous que je le cèderai facilement?

— Vous, aimer mon fils! et le comte partit d'un franc éclat de rire... Je vous dois un aveu, chère Julia... mon fils n'est point riche, dans un mois il sera ruiné. »

La courtisane se mordit les lèvres et enveloppa le comte de ce froid regard de la couleuvre prête à étouffer sa victime. Je me vengerai, pensa-t-elle.

Puis, reprenant son plus gracieux sourire, elle continua : « Vous avez raison de rire de moi, je divague. Une femme comme moi peut-elle aimer! a-t-elle un cœur?... Bien, cher comte, j'accepte votre défi, ou plutôt, j'acquiesce à votre proposition, je me charge de rendre votre fils amoureux de moi, juste assez pour le guérir de l'amour qu'il a au cœur. Après cela, je vous le rends, sans autre sentiment pour moi, que celui qu'on éprouve pour une femme

qui vous a fait passer quelques heures agréables.
Est-ce là ce que vous voulez ?

— Parfaitement, voici une bague comme ar-
rhes, le collier viendra après. »

Elle prit la bague, la mit à son doigt après
avoir daigné l'honorer d'un regard distrait.

« Maintenant, chère Julia, convenons des
moyens d'exécution.

— Ceci me regarde seule, dit Julia avec hauteur; croyez bien, cher comte, que je n'ai jamais
eu besoin d'auxiliaire pour me faire aimer. Dans
un mois votre fils m'adorera et ne songera plus
à sa fiancée. »

« Quelle fantasque créature, » se dit le comte
en rentrant chez lui !!

» Quel suprême impertinent, se dit la Julia
en lissant ses cheveux noirs devant sa glace, et
comme il me le paiera cher !! »

. . . .
. . . .
. . . .

Raoul ne se doutait même pas de la conspiration qui se tramait contre lui ; tout au souvenir de sa jolie fiancée, il menait une vie calme et retirée, remplissant avec tout le zèle possible les devoirs de sa charge, n'aspirant qu'au moment du retour vers celle qu'il aimait.

L'exemple de son père, dont il connaissait la vie orageuse, loin de l'entraîner dans cette voie, lui avait plutôt servi de préservatif, et il était ce qu'on pouvait appeler un jeune homme sage et rangé. Les passions avec leurs débordements lui étaient complétement inconnues.

Comment fera Julia pour captiver Raoul, qui a un cœur bon, des sentiments nobles et élevés, qui aime et qui est aimé, qui ne recherche pas les émotions ?

Sans doute elle échouera !

Allons donc ! Mettez en présence le bien et le mal ; s'ils se livrent un combat, c'est le bien qui sera vaincu. Mettez en face la vertu et le vice, trop souvent, hélas ! c'est le vice qui l'emportera.

Quel est l'homme et des meilleurs qui, même ayant donné son cœur et engagé sa foi, saura résister aux beaux yeux d'une coquette qui lui dira : « Avant de te connaître, je ne connaissais pas l'amour, je ne connaissais que le plaisir, maintenant j'aime ! je t'aime... J'étais perfide, astucieuse, à présent je me sens bonne, régénérée. Je n'avais aucun remords de la folle vie que je m'étais faite, maintenant je donnerais dix ans de mes plus belles années pour avoir toujours été chaste et pure, afin de me croire digne de toi. »

Et si, en lui disant cela, cette même femme le couve d'un regard ardent, passe amoureusement ses bras autour de son cou et lui dit tout bas : « Mon amour, ma vie, aime moi !... » quel est l'homme qui résistera ? Je crois qu'il est encore à naître ! Il est possible que dans les passions de ce genre le cœur ne compte pour rien, et qu'un homme n'oubliera que momentanément auprès d'une coquette, celle qu'il aime véritablement, mais enfin il l'oubliera, et tout en se faisant illusion sur sa conduite, il rendra à la courtisane, mots d'amour pour mots d'amour et baisers pour baisers.

C'est ce que fit Raoul, quinze jours après la conversation du comte avec la Julia.

Comment elle était parvenue à attirer notre jeune diplomate chez elle!... C'est un mystère que je ne me charge pas, ami lecteur, de vous expliquer. Le fait est que, quinze jours après, Raoul sortait de chez Julia à deux heures du matin, moins triste qu'il n'y était entré.

Qu'elle avait été séduisante cette perfide charmeuse! qu'elle avait bien su l'enivrer de voluptés et d'amour!

Il ne l'aimait pas certainement; mais il était charmé, fasciné, et si l'image d'une femme lui apparut dans son sommeil, et ne fut pas à coup sûr celle de Clémentine.

« Dans un mois, avait-elle dit au comte, votre fils m'adorera et aura oublié sa fiancée. »

Un mois après, jour pour jour, le comte vint chez la Julia. Elle était coquettement enveloppée dans un peignoir de cachemire blanc, richement garni de guipure antique, ses petits pieds nus s'abritaient dans des mules de satin noir; elle était étendue, ou plutôt gracieusement pelotonnée sur une chaise longue, où elle effeuillait distraitement les fleurs d'un bouquet.

« Bonjour, belle enfant, comment ça va-t-il?

— Mais très-bien, comte, vous voilà aussi exact qu'un billet à ordre.

— C'est que, voyez-vous, il m'importe beaucoup de savoir si vous avez réussi.

— En douteriez-vous, par exemple? sachez bien, cher comte, que si les ambassadeurs étaient de notre sexe, aucune ambassade n'échouerait.

— Ainsi, Raoul vous adore?

— Il m'aime, comte, ce qui vaut mieux.

— Décidément, Julia, aucune nuance ne vous échappe, vous êtes belle comme un ange, spirituelle comme un lutin, comment ne feriez-vous pas des miracles ?

— Je vous ai dit que votre fils m'aimait, mais je dois vous en donner la preuve.

— Je vous crois sur parole.

— Non, je tiens à vous le prouver (regardant à sa montre). Il est trois heures moins dix, à trois heures il sera ici, entrez là, dans ce boudoir, il est grand, vous y avez un bon divan, et vous vous y trouverez à votre aise. Mais avant cela, donnez-moi votre parole d'honneur que vous n'en sortirez pas quoi que vous entendiez.

— Je vous la donne, Julia, et je m'y engage. »

En cet instant, un coup de sonnette retentit dans le vestibule. Le comte entra prestement dans le boudoir en faisant retomber sur lui la double portière qui devait cacher sa présence.

Julia reprit sa pose nonchalante.

Raoul apparut. Il était pâle et ému. Se mettant à genoux devant-elle et lui prenant la main, il leva vers elle un regard humide et suppliant, et lui dit : « Ah! dites-moi, Julia, que cette maudite lettre n'était qu'une épreuve, dites-le-moi; assurez-moi que vous n'avez pas l'intention de me fuir, de partir... Vous voir partir avec un autre!! mais j'en mourrai de rage et de douleur! »

Et comme elle se taisait.....

« Eh bien! Julia, vous n'avez donc pas pitié de moi, vous ne me répondez rien?

— Que voulez-vous, ami, que je réponde? mes paroles ne pourront qu'augmenter votre douleur, car la vérité est que je pars irrévocablement.

— Oh! ne dites pas cela, Julia... je vous en conjure! me laisser seul!... partir... mais que vous ai-je donc fait, grand Dieu! Pourquoi vouloir me faire mourir de désespoir?

— Vous, mourir de désespoir, vicomte... allons donc! Il faudrait pour cela que vous m'aimiez, et vous ne m'aimez pas. »

La Julia dit ces paroles avec une sombre amertume.

« Je ne vous aime pas !... Oh ! tenez, ne répétez pas ce blasphème !! depuis que je vous connais, l'amour le plus ardent, le plus insensé, a pénétré dans mon cœur, vous m'avez fait connaître une vie nouvelle, que je ne soupçonnais même pas ! Et à présent que l'amour a envahi tout mon être, lorsque vous êtes plus nécessaire à ma vie que l'air que je respire, vous voulez m'abandonner !! Oh ! non ! votre cœur ne connaît donc pas la pitié, il ne sait pas ce que c'est que l'amour !!

— Non, vicomte, mon cœur est sensible à la pitié, vous lui avez fait connaître l'amour. Je le croyais mort en moi... vous m'avez ressuscitée, aussi, croyez que j'en garderai un souvenir éternel de reconnaissance.

— Quoi ! vous dites que vous m'aimez et vous voulez m'abandonner ? puis-je croire à ce que vous dites ? soyez généreuse, Julia !

— Voyons, vicomte, asseyez-vous là, près de moi, et causons sérieusement. Écoutez-moi avec calme et alors vous conviendrez vous-même que j'ai raison d'agir comme je le fais. »

De la main elle lui désigna un fauteuil tout près d'elle.

« Vous me dites, Raoul, que vous m'aimez, et que si j'ai de la pitié dans le cœur, je ne dois point vous abandonner. Mais le puis-je ? ce vieux général russe, vous savez qu'il est amoureux fou de moi, et il m'a dit que si je partais avec lui, non-seulement il m'assurerait une fortune, mais qu'il m'épouserait dans deux ans si pendant ces deux années je lui restais fidèle. Avec lui, comme vous voyez, ma position est assurée, et je puis, si l'envie m'en prend, échanger contre une position honorable, la triste existence que je mène, et même me réhabiliter. Avec vous, que puis-je espérer?... En admettant même que mon amour pour vous soit assez fort pour me faire renoncer à l'offre brillante dont

20

je suis poursuivie, que me donnerez-vous en
retour de cet immense sacrifice. Quelle position me ferez-vous dans le monde? »

Raoul n'eut pas de peine à comprendre la
logique de ce raisonnement. Son silence le
prouva, mais cette logique l'accablait, car que
pouvait-il offrir lui-même?

« Vous vous taisez, Raoul? Moi je vais vous
dire quel serait mon sort avec vous... Pendant
six mois, un an, vous m'aimeriez peut-être...
mais le jour où vous auriez obtenu l'avancement
que vous attendez, vous m'abandonneriez sans
un regret, sans un remords, sans vous préoccu-
per même de ce que je deviendrais, sans vous
souvenir de ce que j'aurais sacrifié pour vous...
Vous me laisseriez là, sans faire attention à mes
larmes, à ma douleur, et vous iriez offrir votre
nom et votre main à celle que vous aimez toujours et qui est votre fiancée! »

A ce souvenir, le cœur de Raoul se serra dou-
loureusement, la gracieuse image de la jeune

fille passa devant ses yeux... mais ce fut l'impression d'un moment. La Julia était si belle!!

Elle continua : « Notez bien, vicomte, qu'en agissant ainsi, le monde vous donnerait raison, chacun applaudirait à votre conduite et pas une voix ne s'élèverait pour vous dire : Cette femme était une courtisane, il est vrai, mais elle vous aimait sincèrement, elle a refusé pour vous la fortune et un nom honorable ; vous manquez donc de cœur en l'abandonnant ainsi, en la laissant dans la misère et la douleur!! Non!! personne ne vous dirait cela, et vous même vous n'y songeriez pas. La Julia resterait toujours, aux yeux du monde, une femme sans cœur et sans vergogne, et vous un gentleman parfait. Ai-je raison, n'est-ce pas là le sort qui me serait réservé ? Vous le voyez donc, je ne puis rester avec vous. Donnons-nous une bonne poignée de main, et quittons-nous en amis. »

Et elle lui tendit sa petite main blanche et mignonne.

« Non, Julia, nous ne nous quitterons pas ainsi, j'aime mieux mourir là sous vos yeux, que de vous voir partir avec un autre homme que moi... Répondez-moi franchement... m'aimez-vous comme je l'entends ?

— En doutes-tu Raoul ? je donnerais tout ce que j'ai dans le monde pour être une pure et chaste jeune fille, digne de toi, et avoir le droit de te sacrifier mon existence...» Et elle le regardait de son regard le plus enivrant en l'enlaçant de ses bras.

Raoul la serrait sur son cœur... « Ecoute, Julia, lui dit-il d'une voix émue, telle que tu es, je t'aime comme jamais femme n'a été aimée, entre la mort et te perdre je n'hésiterai pas un instant. Je t'offre donc de te sacrifier ce que j'ai de plus cher en ce monde, mon honneur, ma fiancée... de partager mon avenir avec toi.

» Croiras-tu après cela que je t'aime ?... tu le sais, il y a à Paris une belle et bonne jeune fille à qui j'ai engagé ma foi... je deviendrai

parjure, je romprai l'engagement que j'ai contracté, je t'épouserai secrètement, et puis, dès
que nous serons dans une autre ville, je te re-
connaîtrai publiquement pour ma femme, et tu
deviendras la vicomtesse du Verdois.»

A ce moment on gratta discrètement à la
porte.

« Entrez, » dit Julia. Un valet de chambre en
grande livrée entra. «Mon maître m'envoie pour
demander à madame si les préparatifs de voyage
sont faits, et si l'on pourra charger ce soir les
bagages sur la chaise de poste de monsieur.

— Attendez un instant, dit Julia, pour le
moment je suis occupée, je vous rendrai réponse
tantôt.

— Eh bien, Julia, reprit Raoul, répondez-
moi, je vous en conjure; dites-moi que vous
acceptez, que vous allez faire dire à votre général que vous ne voulez plus partir ?

— Et qui m'assure, vicomte, que vous êtes
sincère ? l'amour est une faible garantie,

— Je vous engage ma parole d'honnête homme de vous épouser secrètement dans quinze jours; après cela je demanderai mon rappel de Naples, et dès que nous aurons quitté cette ville, je vous reconnais publiquement, à la face de Dieu et des hommes, pour mon épouse légitime. Me croyez-vous à présent?...

— Oui, vicomte, je vous crois ; mais trop de précautions ne nuit jamais ; une autre femme a déjà votre parole, et vous venez de la retirer ; manquer deux fois à sa parole ne doit pas être plus difficile que d'y manquer une seule fois ! Donnez-moi donc votre engagement par écrit. »

Le rouge de la honte monta au front de Raoul. « Vous êtes implacable, Julia, est-ce à vous à me reprocher mon parjure !... Mais vous avez raison de vous défier de moi, vous me faites expier mon parjure ; je vais vous donner l'écrit que vous demandez. » Et Raoul s'assit devant une table et d'une main fiévreuse traça les lignes suivantes :

« Moi, vicomte du Verdois, je m'engage sur l'honneur à épouser Julia Vioretti, et la reconnais dès aujourd'hui comme ma femme légitime devant Dieu et devant les hommes. — Naples, le. . . . . »

Pendant qu'il écrivait, la portière du boudoir où était le comte s'agita ; la Julia entra dans le boudoir et laissa retomber la portière derrière elle.

« C'est ainsi que vous tenez votre parole, lui dit à voix basse le comte hors de lui.

— Restez là tranquille, et surtout gardez-vous de paraître, je tiendrai ma promesse, soyez-en certain, je n'épouserai pas votre fils, et je partirai demain avec mon Russe.

— Mais alors, pourquoi cette comédie ? reprit le comte, pourquoi lui faire signer cet écrit ?

— Pour mieux servir vos desseins ; mais chut ! taisez-vous, tantôt je vous expliquerai tout. » Et elle rentra dans le petit salon.

Elle lut ce billet avec calme, le plia et le mit

dans sa poche... « Ou je ne m'y connais pas, vicomte, ou votre engagement est en bonne et due forme... Alors, vous voilà tout à fait décidé à abandonner votre jolie fiancée et à faire de la Julia votre femme...?

— Oui, Julia, car je sens que sans votre amour, sans vous, la vie me serait désormais impossible. » Et il porta à ses lèvres la main de sa belle maîtresse, la couvrant d'ardents baisers.

Julia le regarda un instant... un rayon d'orgueil illumina son front, un sourire de triomphe passa sur ses lèvres.

Puis, partant d'un éclat de rire diabolique, elle reprit : « Eh bien! vicomte, si pour vivre il vous faut mon amour, il ne vous reste plus qu'à mourir, car je ne vous ai jamais aimé, je ne vous aime pas, et ne vous aimerai jamais... Et moi, la Julia Vioretti, courtisane, fille perdue, qui a eu autant d'amants qu'il y a de perles à ce collier (et elle montrait un superbe collier en perles noires suspendu à son cou), j'ai l'honneur de refuser la main de monsieur le vicomte du Verdois. »

Raoul se leva comme mu par un ressort; il était là, devant elle, pâle et stupéfait ; son grand œil la regardait fixement... il ne comprenait plus rien à ce qui arrivait.

Elle sonna. — Une soubrette à la taille fine, au regard mutin, entra :

« Dis au valet de chambre du général que tout sera prêt ce soir pour notre départ; ensuite, dépêche-toi et ferme toutes les caisses.

— Oui, madame, que madame soit tranquille. » Et elle s'en alla en sautillant, heureuse de songer qu'elle aussi allait voyager.

Raoul passa la main sur son front, se croyant sous le poids d'un cauchemar affreux. « Qu'est-ce que cette plaisanterie, dit-il à Julia, et pourquoi me torturez-vous ainsi?

— Ce n'est pas une plaisanterie, rien n'est plus sérieux que ce que je vous ai dit, je refuse votre main, et je pars avec mon général russe.

— Mais vous n'avez donc pas de cœur, Julia !
Vous êtes un démon mis par l'enfer sur mon
chemin pour me faire mourir de chagrin... C'est
une horrible comédie que vous avez jouée avec
moi ! ! !

— Je ne sais si elle est horrible, mais je conviens que j'ai joué une comédie... Et si vous y
tenez, je vais vous dire pourquoi... Un homme
m'a défié de faire votre conquête... Ceci n'était
rien... Mais il m'a insultée, en prétendant que,
si même je parvenais à me faire aimer par vous,
ce ne serait qu'un amour passager et éphémère,
tel enfin qu'une fille comme moi pouvait
en inspirer, et non un sentiment profond, du-
rable.

« J'ai juré de me venger et de lui faire expier son insolence... Maintenant, je suis satisfaite, car vous m'avez aimée assez pour trahir
votre serment et m'offrir votre nom... Que voulez-vous, les jolies femmes sont fantasques ! Je

me suis passé la fantaisie de refuser votre main:
c'est un caprice tout comme un autre. »

Elle était là devant lui, le regard fier et superbe ; il la regardait l'œil en feu... « Quelle
misérable créature, se disait-il !! et pourtant je
l'aime...

» Ce que vous avez fait, Julia, est mal, bien
mal. Si votre corps a la beauté qui enivre, votre
âme est noire et glacée... Et pourtant je t'aime,
Julia, je t'aime encore !! Tiens, me voilà à tes
genoux, te suppliant de me laisser t'aimer, d'ê-
tre à moi, de devenir ma femme...!

— Allons, allons, vicomte, décidément vous
avez peu d'amour-propre, vous allez vous faire
refuser pour la seconde fois.

— Mais je t'aime, moi ! entends-tu ?

— Et que me fait votre amour? il y a longtemps que je ne sais plus ce que c'est. J'avais un
cœur jadis, mais un homme l'a foulé aux pieds ;
c'est à mon tour maintenant de briser le cœur
des autres... Je me venge ; voilà tout... Adieu,

vicomte. » Et elle lui montra la porte du doigt.

« Julia ! je vous jure que je me tuerai là, devant vos yeux, si vous ne me dites pas que tout
cela n'est qu'une épreuve, que vous m'aimez et
que vous serez à moi.»

Pauvre Raoul ! il faisait peine à voir ; ses
yeux brillaient d'un sombre éclat, une pâleur
mortelle couvrait sa figure. Et pourtant elle ne
jeta sur lui qu'un froid regard, et lui dit avec
un mouvement d'impatience : « Eh bien ! tuez-
vous, j'adore les émotions violentes... »

Le vicomte sortit un révolver de sa poche,
en appuya la bouche sur son cœur.— Une détonation terrible ébranla le salon, les vitres volè-
rent en éclats. Tout cela fut fait en moins d'une
minute.

Il chancela et tomba dans les bras de son
père, arrivé juste à temps pour le recevoir...
La Julia ne poussa pas un cri, ne fit pas un
mouvement.

Comme les domestiques accouraient au bruit

de la détonation ; « Pierre, dit-elle, aidez M. le
comte à transporter son fils dans la voiture, et
chez lui s'il le désire, vous Jean, nettoyez le
parquet, et que le concierge aille prévenir la
police qu'un homme vient de se tuer chez moi.
— Toi, Marietta, veille à ce que tout soit prêt
pour mon départ, je pars demain. »

Le malheureux père, sans voix et tout tremblant, soutenait le cadavre de son fils... Les domestiques descendirent dans la voiture l'infortuné, dont la plaie béante laissait échapper des
flots de sang, et qui, les yeux fermés, la face li-
vide, paraissait déjà appartenir à un autre
monde. Le comte le suivit, soutenu par deux
domestiques ; il semblait avoir perdu l'usage de
ses sens. Il n'adressa aucun reproche à la courtisane, seulement il fixa sur elle un regard
terrible.

Quant à elle, elle assista au départ de ce lugubre cortége avec le calme le plus parfait. Elle
se rassit sur le canapé, reprit sa pose noncha-

lante, donna des ordres pour enlever le sang qui recouvrait les meubles et le tapis... Puis, apercevant le révolver, elle le prit et le regarda curieusement, et alla le placer sur une étagère. Elle s'assit devant son bureau, écrivit sur une enveloppe l'adresse de M¹¹ᵉ Marfeld, 128, avenue de Neuilly, mit dans cette enveloppe l'écrit par lequel le vicomte s'était engagé à l'épouser, et ajouta sur un petit carré de papier :

« Moi, Julia Vioretti, courtisane célèbre, connue à Naples et dans le monde entier par ma beauté sans rivale et le nombre de mes amants, ayant refusé la main de M. le vicomte du Verdois, il s'est tué d'un coup de révolver, aujourd'hui, chez moi.»

Elle cacheta soigneusement cette lettre et la fit porter à la poste en donnant l'ordre de la charger, afin qu'elle ne pût s'égarer; puis elle entra dans sa chambre et se mit à sa toilette en attendant son nouvel amant. « Demain, se disait elle, tout Naples saura que j'ai refusé la main

du jeune vicomte du Verdois, qui s'est tué de
désespoir ; toute l'Europe le saura dans quinze
jours. Mon nom sera dans tous les journaux, je
deviendrai une femme célèbre, et si mon Russe
ne m'épouse pas, je trouverai dix Anglais prêts à
m'offrir leur nom et leur fortune, ce qu'ils ne
feraient certainement pas pour une sage et candide jeune fille !

» Oh! les hommes ! les hommes ! ! et ils nous
reprochent après d'être perverses et insensibles !
Mais n'est-ce pas leur faute ? Lorsque j'étais
jeune, j'étais belle, plus belle qu'à présent; j'é-
tais aussi chaste et pure, je n'avais que le tort
d'être pauvre ; aucun homme ne m'a offert de
m'épouser, le seul qui me l'a proposé ne l'a fait
que pour me tromper, car, lorsqu'il eût abusé
de mon innocence, lorsqu'il m'eût séduite, il m'a
lâchement abandonnée !

» Mais à présent, que je suis une courtisane,
une fille sans cœur, vendant mon amour à celui
qui le paye, ils sont tous à mes pieds, m'offrent

à l'envi leur cœur et leur main... Lesquels sont les plus méprisables d'eux ou de moi? Nous sommes, nous autres femmes, ce que les hommes nous font, et ils ont tort de nous condamner lorsque nous tombons dans le vice. »

Voilà ce que se disait Julia, en faisant sa toilette et en demandant à l'art ce que sa beauté rendait presque inutile.

«Son Excellence le général Archinoff, » annonça la camérière.

Le général était grand et bel homme: âgé d'environ cinquante ans, la moustache blanche, les cheveux noirs encore.

« Qu'est-il donc arrivé, chez vous, chère amie? dit-en entrant.

— Ne m'en parlez pas; vous me voyez au désespoir. Je vous avais dit qu'un jeune Français, le vicomte du Verdois, me faisait la cour; ayant appris que je partais avec vous, il est venu tantôt me faire une scène de jalousie, me supplier de rompre avec vous, de l'épouser. Et comme je lui ai dit que je ne pouvais l'épouser par la bonne raison que je ne l'aimais pas et que je vous aimais, vous, bien tendrement, il s'est tiré là, devant moi, un coup de pistolet au cœur, sans que j'aie eu le temps d'arrêter son bras.

— Pauvre garçon! s'écria le général; et il est mort?

— Je l'ignore. Son père arrivait au même instant; il l'a fait transporter chez lui. Je crois qu'il est mort, ou peu s'en faut.

— Mais alors, Julia, bien vrai, vous m'aimez?

— Ingrat! si je vous aime!

— Là, bien vrai?

— Comment! vous en doutez encore, alors que, pour vous, je viens de refuser le titre de vicomtesse, en poussant au désespoir un jeune et beau garçon?

— Oui, vous avez raison, ma charmante amie; je suis fou et ingrat. » Et il la pressa sur son cœur et l'accabla de tendresses. « Oui, Julia, je saurai vous récompenser du sacrifice que vous avez fait pour moi ; sous peu, vous serez ma femme, et en attendant, voici ce que je vous avais promis. » Et il lui tendit un contrat qui lui assurait dix mille roubles de rentes.

Le soir même, tous deux quittaient Naples. Julia rêvait à un avenir de luxe et de dépenses, le général s'endormait dans l'amour satisfait.

Laissons rouler dans leur chaise de poste, ce couple amoureux. Quittons Naples et retournons à Paris.

CHAPITRE VIII

LE MARQUIS DE BOLÈNE, SON RETOUR A PARIS

Après sept mois de voyages en Orient, le marquis de Bolène se trouvait un soir à Smyrne, installé dans une mauvaise chambre de l'*Hôtel des Deux-Augustes*.

Quoique l'on pense généralement en Europe que l'hiver est doux et clément en Orient, le vent soufflait ce soir-là froid et incisif.

« Au diable l'Orient et son prétendu beau climat ! » disait le marquis en se promenant à grands pas dans sa chambre pour essayer de se réchauffer. « On y gèle, on y grelotte, pas de cheminée, pas de poêle, et ces fenêtres ! ! On appelle cela

des fenêtres ! autant vaudrait être couché à la
belle étoile !

» Jean, sonnez, dit-il à son valet de chambre.

— Mais, Monsieur, c'est qu'ici les sonnettes
sont chose inconnue.

— C'est vrai, je l'oublie toujours ; eh bien !
frappez dans vos mains. »

Jean obéit et frappa dans ses mains, mais inu-
tilement. Enfin, de guerre lasse, il descendit et
remonta avec un domestique, ou plutôt le fils du
maître de l'établissement, gros lourdaud, bête
et mal élevé.

« Garçon, ce n'est pas une chambre que vous
m'avez donnée là, c'est un puits. Elle est humide
et par dessus le marché, l'air entre par les croi-
sées. Donnez-moi donc un appartement, ayant
une cheminée ou un poêle, avec des fenêtres
qui ferment. »

Le garçon le regarda avec étonnement.

« Mais, Monsieur, nous n'avons pas de chambre avec poêle ou cheminée, il fait si chaud ici !

— Oh! bien oui! merci de cette chaleur, et vous n'avez pas un meilleur appartement?

— Mais non, Monsieur, celui-là est le plus cher. » Et le garçon s'en alla en grommelant : « Quel original! demander à avoir du feu à Smyrne! »

« Ah! monsieur le marquis, dans quel affreux pays nous sommes tombés! dit Jean d'un air piteux. Je viens d'aller faire un tour de promenade, les rues sont sales et si mal pavées que j'ai failli me rompre le cou.

— As-tu demandé s'il y a un hôtel meilleur que celui-ci?

— Oui, Monsieur le marquis, on m'a dit qu'il y en avait un dans la Grande rue qui s'appelle *Hôtel d'Europe*. J'ai été le voir, il est encore plus mauvais que celui-ci.

— Eh bien, va t'informer s'il y a demain un bateau qui parte, et où qu'il aille, arrête deux places pour nous.

— Où qu'il aille?... Mais, monsieur, s'il allait en Amérique ou en Chine?

—. N'importe. »

« Pas de danger, se dit Jean en sortant, je commence à en avoir assez; c'est-il laid, bon Dieu! cet Orient! les canards seuls peuvent s'y plaire, car ils peuvent y barbotter tout leur soûl dans la boue; mais des chrétiens! C'est à en mourir! je me méfie de tous les pays à présent, et ma foi, vive Paris! S'il y avait seulement un bateau partant pour la France, comme je prendrais les places avec bonheur! »

Le marquis continua sa promenade de long en large dans sa chambre. « Voilà, se disait-il, sept mois que je mène une vie errante, vagabonde, pour essayer de m'étourdir et d'oublier! Y suis-je parvenu? Non... L'image de Clémentine est toujours là dans mon cœur; c'est en vain que je cherche à me faire une illusion, mais je l'aime plus que jamais... Ne pas la voir... ne pas avoir de ses nouvelles, quel supplice!...

Voilà trois mois que je n'ai pas reçu de lettre...
Il se peut que Raoul soit à Paris... peut-être
vont-ils se marier! Cette pensée me glace le
cœur; j'ai beau raisonner, la jalousie l'emporte...
Mais pourquoi ne m'écrit-elle pas? Sans doute,
elle m'a oublié... que suis-je pour elle? un ami...
C'est si vague ce mot amitié, et il est si souvent
le synonyme d'indifférence! »

Jean interrompit à ce mot les réflexions du
marquis en entrant brusquement; il était rayonnant de joie.

« Monsieur, Monsieur le marquis, je viens de
l'agence, il y a un bateau en partance pour demain; voilà les deux places!

— Et où va ce bateau? dit le marquis d'un air
distrait.

— A Marseille, Monsieur.

— Mais, imbécile! je ne t'ai pas dit que je voulais retourner en France.

— Monsieur le marquis m'a dit : Va voir s'il

part un bateau, et qu'il aille n'importe où, prends deux places pour nous. J'ai obéi.

— Au fait, se dit le marquis, tant mieux, j'aurai au moins des nouvelles. Je saurai ce qui cause son silence, et puis, je crois que je préfère encore le supplice de la voir, sans pouvoir lui dire combien je l'aime, que de vivre ainsi loin d'elle... Mais si j'allais la trouver mariée!... »

A cette pensée son front se rembrunit. « Cependant qui sait, se dit-il, si la vue de son bonheur ne hâtera pas ma guérison.

» Jean, tu peux tout préparer pour notre départ ; demain nous nous embarquerons pour Marseille. »

Jean fit un bond de joie.

Maintenant que le marquis était décidé à retourner à Paris, il se sentait pris d'une impatience fiévreuse. Il ne dormit pas de la nuit et se trouva à bord dès le lendemain à dix heures, quoique le bateau ne dût partir qu'à midi.

La traversée lui parut d'une longueur inter-
minable, et une fois débarqué à Marseille, il
monta en chemin de fer sans prendre un jour
de repos.

Le lendemain soir il arrivait à Paris, son cœur
battait de joie et d'émotion, il revoyait enfin
cette ville qu'il avait fui pour se distraire de son
amour!! Il courut à son hôtel; tout y avait cet
aspect froid, lugubre d'un appartement inhabité
depuis longtemps. Sans pouvoir s'en rendre
compte, il se sentit pris d'un sentiment de tristesse ; il dîna et s'habilla à la hâte.

Il était à peine huit heures et demie, lorsqu'il
sortit de chez lui ; la pensée de revoir Clémentine l'agitait d'une étrange façon. Son hôtel était
situé aux Champs-Élysées ; il voulait se rendre à
pied chez Clémentine, espérant que l'air et le
mouvement dompteraient son émotion. Il se mit
donc à cheminer lentement.

« Comment va-t-elle me recevoir, se disait-il?
que s'est-il passé pendant ces derniers trois

mois ? » Il fut interrompu par un de ces incidents qui ne sont que trop fréquents à Paris et qui n'attirent guère l'attention des passants.

Un homme appuyé contre un arbre et caché à demi par son ombre lui dit en le voyant approcher : « La charité s'il vous plaît, Monsieur. »

Le marquis tressaillit au son de cette voix, et s'avança vers le mendiant. Celui-ci dont le chapeau enfoncé sur les yeux cachait en partie la figure, répéta sa phrase : « La charité s'il vous plaît. »

Le marquis ouvrit son porte-monnaie, en sortit un louis, et le tendit au malheureux. A la vue de cette pièce d'or, le mendiant poussa une exclamation de joie : « Que Dieu vous bénisse, mon bon Monsieur ! » et il se sauva à toutes jambes.

Mais dans le mouvement brusque qu'il fit son visage se découvrit.

Le marquis poussa lui aussi une exclamation

de surprise et il s'élança à la poursuite du malheureux.

Lorsqu'il l'eut atteint, il le prit par le bras.

« Oh! laissez-moi, Monsieur! laissez-moi! lui
dit le mendiant; elles meurent de froid et de
faim.

— Mais qui, elles? dit le marquis de plus en
plus impressionné! » Le mendiant, sans répondre, voulut se dégager : un faux mouvement lui fit tomber son chapeau à terre... deux
cris de surprise se firent entendre!

« Toi, Jacques?

— Vous, Monsieur le marquis? »

Tous deux restaient stupéfaits, ne pouvant
comprendre ce qui se passait.

Enfin le marquis se remit le premier... « Mais
dis-moi, tu as donc quitté la famille Marfeld?

— Moi, les quitter! oh! pouvez-vous le croire,
Monsieur le marquis! Ma vie leur appartient,
jusqu'à mon dernier soupir je ne les abandon-
nerai pas.

— Mais alors, reprit le marquis à voix basse, pourquoi mendiais-tu là ? »

Jacques courba la tête et se tut.

« Mais parle-donc, parle ! tu me fais mourir d'angoisse. »

Jacques fondit en larmes... « Pardonnez-moi, Monsieur le marquis, elles l'ignorent ; mais pouvais-je, hélas ! les laisser mourir de faim ?

— Mourir de faim, de misère, elle Clémentine !! et moi qui voyageais loin d'elle, moi qui l'ai abandonnée, lâche que je suis ! »

Puis prenant Jacques par le bras et le serrant contre son cœur, il lui dit, la voix étranglée par les larmes : « Mon bon, mon noble Jacques, tu vaux mieux que moi, tu as su l'aimer mieux que moi ; tu as tendu la main pour elle !!

— Oh ! Monsieur le marquis, qu'elles ne le sachent jamais ! elles rougiraient de savoir que le pain de la charité les a nourries ! et je donnerais ma vie pour leur éviter cette humiliation.

— Si, Jacques, elles le sauront un jour ; elles

n'en rougiront pas et elles apprendront à t'apprécier. Mais que s'est-il donc passé, dis-le moi ?

— Je vous conterai ça plus tard, maintenant courons à la maison, car elles n'ont pas mangé d'aujourd'hui et je tremble de les trouver mortes de faim.

— Oh ! mon Dieu, mon Dieu ! lâche que je suis ! » Et le marquis tenant Jacques par le bras, marchait au pas de course.

Arrivé devant un modeste restaurant, Jacques s'arrêta pour prendre un bouillon... Mais le marquis dit au garçon : « Voilà cent francs, apportes du consommé, de la viande, du vieux Bordeaux ; apporte-le tout à l'instant et tu auras un louis pour boire... »

Le garçon s'inclina respectueusement, et le marquis reprit sa course. Enfin, on arriva au numéro 128 de l'avenue de Neuilly, et comme le marquis se dirigeait vers le rez-de-chaussée : « Pas là, dit Jacques, c'est au cinquième qu'elles demeurent.

— Au cinquième !

— Hélas ! oui, on nous a chassés du rez-de-chaussée, et nous avons été trop heureux après la mort de M. Marfeld, qu'on ait bien voulu nous laisser dans la mansarde.

— M. Marfeld est mort ! s'écria le marquis.

— Comment, Monsieur ne le savait pas ?

— Mais non, je ne sais rien ; je n'ai aucune nouvelle depuis un siècle.

— Je m'en doutais, fit Jacques, je me disais toujours : Il faut que M. le marquis de Bolène soit bien loin d'ici, qu'il ne soupçonne pas notre misère, car sans cela il ne nous abandonnerait pas ainsi.

— Mais Raoul, le vicomte du Verdois n'est-il pas ici ?

— Chut, chut, Monsieur, ne prononcez jamais ce nom devant ces dames ; plus tard je vous dirai pourquoi. »

Ils étaient arrivés au cinquième. Jacques ouvrit une mauvaise petite porte ; elle donnait dans une salle obscure ; de là, on arrivait dans une grande pièce délabrée. Le marquis s'arrêta sur le seuil, saisi d'une émotion invincible, au navrant spectacle qui se présenta à ses yeux.

Dans cette grande et froide chambre, quatre chaises en paille et deux mauvais lits complétaient l'ameublement. Sur l'un de ces lits était couchée Mme Marfeld, si pâle, si défaite, si vieillie qu'il eût peine à la reconnaître. Sur l'autre était Clémentine ; son teint était coloré par la fièvre, ses paupières étaient gonflées par les larmes. Toutes deux dormaient.

Jacques s'approcha d'elles avec précaution et baissa tristement la tête.

« Mademoiselle est encore reprise par la fièvre, » dit-il.

Le marquis entra à son tour. Il vint s'agenouiller auprès du lit de la jeune fille... et ne put retenir ses larmes : « Pardonnez-moi, balbutia-t-il tout bas, de vous avoir ainsi abandonnée... » puis, prenant sa main, il essaya de la baiser. Mais Clémentine était incapable de le reconnaître ; dévorée par une fièvre ardente, elle était là, inanimée, insensible.

Le marquis, saisi d'épouvante, appela Jacques du regard, et lui dit d'une voix étranglée : « Envoie au plus vite chercher mon docteur par le concierge, peut-être en est-il temps encore. »

Jacques ne bougea pas.

« Eh bien ! tu n'y vas pas ?

— Monsieur le marquis, je crains que le concierge ne me refuse ce service. Il est si dur, si insolent pour nous, qu'il ne voudra pas se déranger. Nous devons un terme, et.....

— Tiens, voilà ma bourse ; donne-lui tout l'or qu'il voudra et qu'il aille au plus vite. »

Jacques prit la bourse et descendit prestement.

Quant au marquis, il se laissa tomber sur une chaise, anéanti par la douleur qui l'accablait ; son cœur était inondé de larmes. En voyant ces deux grabats sur lesquels, à demi-mortes, ces deux femmes étaient étendues, son désespoir fut au comble, et tout leur passé de luxe et de bonheur surgit tout à coup à ses yeux. Clémentine était si belle encore, malgré ce qu'elle avait souffert, malgré la fièvre qui la dévorait! Il se demandait par quel concours de circonstances étranges, ces deux femmes avaient pu passer si vite de l'opulence à la misère. Il lui semblait impossible que faute d'un peu d'or on soit condamné à mourir!! Serait-il vrai que l'or dispose ainsi de notre vie et que les plus fières natures sont obligées de subir le joug de ce tyran?

Pendant qu'il faisait ces réflexions, Mme Marfeld, d'une voix faible, demanda à boire. Il s'approcha d'elle et lui tendit un verre d'eau sucrée; elle le but d'un seul trait... Il voulut alors lui tendre la main, lui parler; mais le grand œil terne de la malade se fixa sur lui sans le reconnaître.

Pendant ce temps, Clémentine s'agitait dans son délire; elle prononçait des mots sans suite;

les noms de Raoul et de Julia revenaient souvent sur sa bouche... Qu'était-il donc arrivé ?...
Raoul, oubliant sa foi donnée, aurait-il épousé
une autre femme ?...

Jacques rentra, le marquis le regarda avec
stupeur.

« Maintenant que je vous sens là, près d'elles,
dit Jacques, je n'ai plus peur, moi ; mais si vous
saviez ce que j'ai souffert, Monsieur le marquis,
pendant votre absence, si vous le saviez ! Je les
voyais toutes deux mourantes, sans argent pour
les soigner, que pouvais-je faire ? Le désespoir
me gagnait parfois, mais je me disais : Si'je me
casse la tête, que deviendront-elles ? Alors, je
priais Dieu de venir à notre aide, et il m'a exaucé,
car vous être revenu ; à présent je suis tranquille.

— Mon brave Jacques, en attendant l'arrivée
du docteur, raconte-moi ce qui s'est passé depuis mon départ, je veux connaître tous les
détails.

— Hélas! Monsieur le marquis, le malheur s'est abattu sur notre maison avec une ténacité effrayante. Quelques semaines après votre départ, Monsieur est tombé malade. Les médecins ont déclaré que son sang avait tourné, à cause des chagrins qu'il avait eus. Nous l'avons gardé un grand mois au lit; un jour il allait mieux, un jour plus mal, mes pauvres maîtresses se désolaient, il fallait voir! Mademoiselle cessa de donner ses leçons, d'abord parce qu'elle avait le cœur trop gros, ensuite parce qu'elle était bien fatiguée. Elle passait toutes ses nuits au chevet du lit de son père... Madame, de son côté, était accablée par la fièvre.

» Enfin, un jour le docteur m'appela en sortant, et me dit : « Mon pauvre Jacques, tout est fini, ton maître n'a plus que quelques heures à vivre... » Si vous saviez quel coup affreux cela me fit!!! Mes jambes ne pouvaient plus me soutenir. L'idée que mon pauvre maître pouvait mourir, ne m'était pas venue jusque-là; je me disais: « Dieu aura pitié de nous, il a déjà bien assez éprouvé cette pauvre famille pour la frapper encore de cette dernière douleur. » — « Je n'ai pas le courage, me dit le docteur, de dire la vérité à ces dames… ; mais toi, mon garçon, tu vas les prévenir. » Là-dessus, il partit. J'étais anéanti, je ne savais plus que faire.

— Et moi qui n'étais pas là! » murmura le marquis.

Jacques continua : « Je me dis cependant, il faut que j'aie de la force pour tout le monde, sans cela qui aidera mes pauvres maîtresses à soutenir le malheur qui les menace? Deux fois j'ai voulu dire quelque chose à Madame, lui laisser entrevoir la vérité ; mais je la voyais si accablée que je n'ai pas osé.

» A quoi bon leur enlever le peu d'espoir qui leur restait! Enfin, vint la nuit fatale que je n'oublierai jamais ! Je vivrais cent ans, qu'elle resterait gravée dans mon souvenir. Le vent, la pluie, faisaient entendre comme une triste complainte, ce pauvre Monsieur râlait sourdement ; Madame élevait ses bras vers Dieu avec désespoir ; Mademoiselle, au pied du lit de son père, sanglotait en priant. La douleur de ces femmes aurait attendri un rocher. Elles faisaient pitié à voir… Mon cœur se brisait dans ma poitrine, et je ne savais plus à quel saint me vouer. Entre l'agonie de mon maître bien-aimé, et le désespoir de mes maîtresses, ma tête se perdait.

« Enfin, comme la pendule sonnait le dernier coup de minuit, le malade fit un mouvement, comme pour se relever, nous nous précipitâmes sur lui : il avait rendu le dernier soupir !

» Pendant toute la nuit, on n'entendit plus que nos sanglots, et les hurlements plaintifs de notre pauvre Médor, qui, de sa niche, semblait avoir deviné que la mort avait frappé au logis de son maître. »

Jacques, à ce souvenir, versait encore de grosses larmes ; le marquis, lui aussi, pleurait. Il se passa quelques instants pendant lesquels les deux hommes restèrent muets. Enfin, Jacques rompit le silence.

« La maladie avait coûté beaucoup d'argent, je voyais avec effroi que les ressources diminuaient. Lorsqu'il a fallu songer à l'enterrement, il n'y avait plus que 500 francs à la maison ; je n'ai pas voulu en parler à ces dames et je m'occupai de tout. Je disais à Madame : « Restez dans l'autre chambre, tâchez d'avoir du courage pour cette pauvre demoiselle, qui, sans cela, tombera malade. » A Mademoiselle, je disais : « Ne pensez qu'à votre mère ; » et toutes deux, par amour l'une pour l'autre, essayaient de dissimuler leur désespoir.

» L'enterrement n'a été que bien modeste et pourtant il a coûté 700 francs. Pour suppléer aux dépenses, j'ai engagé ma montre et un peu d'argenterie, toujours sans leur rien dire à ces pauvres dames.

» Allez, Monsieur le marquis, ceux qui ont vu cet enterrement n'ont pu supposer que celui

qu'on conduisait ainsi au cimetière était le
même qui, à peine un an avant, avait encore un
bel hôtel et de nombreux domestiques ! Cela m'a
bien serré le cœur de le voir enterrer comme un
pauvre diable, sans qu'il y ait même une pierre
sur la tombe ! C'est ça qui mine ainsi ces dames.

— Sois tranquille, mon bon Jacques, dès demain les choses changeront; je donnerai des ordres pour cela.

— A partir de la mort de Monsieur, le malheur n'a plus quitté la maison, et la misère est
arrivée à grands pas. Pendant trois semaines ces
dames sont restées malades. Pour pourvoir à
leurs besoins, j'engageais chaque semaine quelque chose au Mont-de-Piété. Toute l'argenterie
y a passé, puis les petits bijoux de Mademoiselle
Enfin elle s'est levée mieux portante, mais bien
accablée.

» Alors, je l'ai prise à part, et je lui ai parlé
de l'état de nos finances, en lui avouant que j'a-

vais été forcé d'avoir recours au Mont-de-Piété.

« Tu as bien fait, me dit-elle, mais n'en dis rien à ma mère ; pour elle, il faut que je sois forte et courageuse. Demain j'irai reprendre mes leçons. »

» En effet, elle alla le lendemain chez ses anciennes élèves, et me laissa à la maison pour soigner Madame ; mais elle rentra désespérée. « Jacques, me dit-elle, la fatalité nous poursuit ! Deux de mes élèves sont en voyage ; dans une autre famille, la jeune fille est malade. Me voilà donc sans leçons. Il faut en chercher ailleurs. »

» Elle a fait bien des courses inutiles, elle frappa à la porte de toute ses anciennes connaissances, mais sans succès. Je me disais : Mon Dieu, que le monde est ingrat ! Il avait tant d'amis, Monsieur, quand il était riche ! et maintenant tout le monde nous abondonne.

— Tu as raison, Jacques, le monde est cruellement égoïste. Mais pourquoi n'as-tu pas songé à m'écrire ?

— Que voulez-vous, Monsieur le marquis, Mademoiselle disait comme ça: « Que vous voyagiez loin, bien loin et qu'on ne savait plus où vous trouver. » Je pensais bien à vous, j'avais deviné que vous étiez, vous, un véritable ami ; mais vous n'écriviez pas ; cela inquiétait tout le monde.

» Enfin, un jour que Mademoiselle était sortie pour chercher encore des leçons en ville, elle rentra avec un petit paquet sous le bras... Puisque je ne trouve pas de leçons, dit-elle, eh bien je vais travailler autrement. Et elle se mit à coudre nuit et jour, qu'elle en avait les yeux tout gonflés.

» Alors, la pauvre Madame, comprenant tout, devint plus triste encore : « Vas-tu te tuer, disait-elle, ma pauvre fille, sommes-nous assez malheureuses !... » Et elle pleurait en embrassant Mademoiselle, qui lui répondit : « Mais, non, mère, rassure-toi, cela ne me fatigue pas ; » et pour la consoler elle l'encourageait de ses plus douces paroles. Madame, toute faible qu'elle était, voulut coudre, elle aussi. Mademoiselle se mettait à ses genoux pour l'en empêcher, mais elle répondait : « Ce n'est pas juste que tu travailles toute seule. » C'étaient ainsi des combats entre elles toute la journée. Mais en travaillant, même du matin au soir, c'est à peine si elles gagnaient 2 ou 3 francs par jour.

» J'économisais tant que je pouvais, je ne mangeais qu'un morceau de pain; malgré cela, nous étions à sec bien souvent. Alors, j'allais au Mont-de-Piété, tout y a passé, même les robes et le linge.

» Quel chagrin c'était pour moi! je me creusais en vain la tête pour inventer un autre moyen. Enfin j'eus l'idée de m'offrir pour le gros ouvrage dans la maison. A mes moments perdus j'allais frotter les trois étages, ces dames l'ignoraient, et je disais aux domestiques que cet argent qu'on me donnait était pour moi. Je gagnais

ainsi 5 ou 6 francs par semaine et l'ajoutais à
la caisse commune.

» Un jour, le concierge me signifia de payer le
loyer. Le terme était échu depuis quinze jours ;
il ne pouvait attendre plus longtemps. Je le
suppliai de prendre patience ; le vilain homme
refusa. Il entra chez ces dames et leur fit une
scène. Que je lui aurai volontiers cassé la tête ! !

» Madame était toute rouge et confuse. Mademoiselle, de sa voix douce, lui dit avec politesse, qu'elle le priait de demander au propriétaire quelques jours de répit. Il s'en alla en
maugréant.

» Il nous fallait près de 300 francs ! où les
trouver ? En réunissant toutes nos ressources,
nous n'arrivâmes qu'au chiffre de 150 francs.
Alors, d'après les ordres de ces dames, j'allai
trouver le propriétaire et le priai d'accepter cet
à-compte, en nous donnant du temps pour le
reste. Il me reçut assez mal, et quand je lui eus
dit combien mes maîtresses étaient malheureuses,

il me répondit durement : «Eh bien ! puisqu'elles sont dans la misère, qu'elles montent aux mansardes ; il y a là haut un logement suffisant pour elles. »

» J'étais indigné, mais Mademoiselle, à qui je rendis la réponse, me dit : « Il a raison, cet homme-là, le logement d'en haut est de moitié moins cher; prenons-le ; j'aime mieux être dans une mansarde que d'implorer la pitié de mon propriétaire. »

» Voilà comment nous sommes montés du rez-de-chaussée à la mansarde.

» Un jour Mademoiselle reçut une lettre de Naples : depuis un mois, elle n'en recevait plus, ce qui, soit dit entre nous, augmentait sa tristesse. Elle poussa un cri de joie. Puis elle pâlit en ouvrant la lettre : « Ce n'est pas l'écriture de Raoul, serait-il malade, lui aussi ? » Tout en lisant, elle changeait de couleur, sa main tremblait, enfin elle tomba évanouie.

» Nous la déposâmes sur son lit, où elle reprit

connaissance ; mais la fièvre s'était emparée d'elle, la douleur l'accablait.

» Madame prit la lettre et la lut : « Pauvre enfant, dit-elle, comme elle va souffrir ! » et elle me tendit la lettre. Je crus comprendre que Monsieur Raoul était mort, et qu'une autre femme qu'il aimait l'annonçait à Mademoiselle.

— Raoul mort ! il aimait une autre femme !! que me dis-tu là ?

— Mon Dieu ! oui, Monsieur le marquis, c'est ainsi. Vous êtes le seul ami qui leur reste, elles n'ont pas de secret pour vous, je vais donc vous montrer cette lettre, vous la comprendrez sans doute mieux que moi. »

Jacques se leva et alla chercher la lettre que nous connaissons déjà, celle dans laquelle la Julia envoyait la promesse de mariage faite par le vicomte et annonçait sa mort tragique.

Après l'avoir lue, le marquis comprit tout le désespoir de Clémentine. Mille sentiments agitaient son âme et l'indignation faisait place à une tristesse bien légitime. Il avait été l'ami de Raoul, cette mort tragique le faisait frémir. Mais au milieu de ces impressions diverses, un autre sentiment se faisait jour : il aimait Clémentine avec passion, et il se disait, malgré lui, que la mort du vicomte le débarrassait d'un rival redoutable. Ces réflexions l'absorbèrent si bien qu'il oublia où il était.

« Monsieur le marquis comprend-il quelque chose à ces chiffons de papier ? dit Jacques étonné de son silence.

— Oui, mon ami, je t'expliquerai tout cela un jour ; mais achève ton récit ; je t'en prie.

— Mon Dieu, ce sera bien vite fait. Depuis la réception de cette maudite lettre, notre pauvre demoiselle n'a pas cessé d'être malade, Madame s'est fatiguée, tuée, à force de la soigner et de travailler pour vivre. Malgré cela, la misère s'installait chez nous, si bien qu'elle aussi la pauvre dame est tombée dangereusement malade, et voilà dix jours qu'elles sont là toutes les

deux sans savoir ce qui se passe autour d'elles.
Le médecin vient, ordonne des drogues et puis
s'en va. J'ai, comme vous voyez, tout vendu,
sauf les lits. Ne sachant plus où donner de la
tête, n'ayant plus un sou vaillant en poche, je
me suis dit que mieux valait aller mendier pour
elles, que de les laisser mourir de froid et d'ina-
nition. Depuis six jours, chaque soir, mon chapeau sur les yeux, je me mets dans un coin et
je tends la main aux passants ; tremblant d'être
arrêté par la police, car je me disais sans cesse :
« Si l'on me conduit en prison, que deviendront
mes chères maîtresses ? » Cette pensée, voyez-
vous, me tuait. Aussi, lorsque vous me prîtes
par le bras, je me sentis une peur horrible. »

Le marquis, profondément ému et plein d'admiration pour cette nature inculte et honnête
qui avait poussé si loin le dévouement, et qui
croyait avoir fait seulement la chose la plus simple
du monde : « Ecoute, Jacques, lui dit-il avec
effusion, tu es le meilleur cœur que je con-

naisse. Ce que tu as fait pour tes maîtresses, bien peu l'auraient fait à ta place. Touche là, mon brave garçon, » et il lui tendit la main.

Jacques n'osait serrer de sa main rouge et calleuse, la main fine et aristocratique du marquis ; mais celui-ci la lui prit vivement et la serra avec force : « Oui, Jacques, dès ce jour je te considère comme un ami. »

Jacques se sentait confus, étonné, il n'avait fait, disait-il, que son devoir, et ces démonstrations du marquis l'embarrassaient.

Le docteur arriva sur ces entrefaites. Il examina les malades et déclara que Mme Marfeld avait une fièvre nerveuse, qu'elle était dans un grand état de faiblesse, mais que des soins et une nourriture fortifiante la remettraient promptement. Quant à Clémentine, sa fièvre était d'une nature plus pernicieuse et il ne répondait de rien.

A cette dernière déclaration, le marquis pâlit affreusement. L'idée d'être arrivé trop tard, de voir peut-être mourir sous ses yeux, celle qu'il aimait si tendrement, lui donnait le vertige... Un morne désespoir s'emparait de son cœur... « Docteur, dit-il, venez la voir souvent, bien souvent, sauvez-la, je vous en conjure !

— Oui, je vous promets de ne rien négliger ; du reste, elle est jeune, et avec la jeunesse il ne faut jamais désespérer de rien. »

Le marquis s'établit dans le modeste logis, qui, grâce à ses soins, prit bientôt un aspect nouveau. Des tapis furent mis partout, des meubles furent apportés... Jacques alla tout retirer du Mont-de-Piété. Était-il heureux, ce bon Jacques, de voir que ses maîtresses ne manquaient plus de rien, il ne savait comment en exprimer sa reconnaissance.

« Tu aimes donc bien Mlle Clémentine? lui dit un jour le marquis.

— Si je l'aime, Monsieur!! Je l'aime comme on doit aimer un petit ange qui a eu pitié de vous, qui, vous voyant détesté, maltraité de tous, vous a tendu sa petite main blanche et mignonne... » Et il raconta au marquis comment Mlle Clémentine l'avait pris à son service, les bontés qu'elle avait eues pour lui, pauvre enfant disgrâcié et lourdaud dont chacun se moquait... « Si je l'aime ! mais autant qu'on peut aimer une créature du bon Dieu, si bien que je donnerais volontiers ma vie pour qu'elle fût sauvée !... »

Le marquis se prenait d'une véritable affection pour Jacques, et celui-ci aimait le marquis à cause de l'affection qu'il témoignait à ses maîtresses. Tous deux causaient comme de vieux amis, sans oublier de soigner leurs malades, avec un zèle et un dévouement admirables. Des sœurs de charité n'auraient pas mieux fait !

. . . .

. . . .

. . . .

. . . .

. . . .

L'hiver vient de finir ; le printemps a fait reverdir les arbres, les premiers parfums de la nature qui se réveille embaument l'air : les oiseaux chantent gaîment pour célébrer le retour de la belle saison. Tout dans la campagne invite à la joie et à l'amour, tout y respire la vie et le bonheur.

Suivez-moi en plein Berry ; jetez les yeux sur cette grille ouverte, sur cette longue allée de marronniers en fleurs, et vous verrez au bout un joli petit château, style Renaissance. Un joli escalier en marbre blanc conduit au perron, tout orné de vases de fleurs. Des voix gaies et joyeuses se font entendre à l'intérieur ; elles partent d'un salon tout frais, tout coquet qui se trouve à notre gauche. Entrons.

Une dame est paresseusement couchée sur une causeuse ; dans un fauteuil à côté d'elle, est assise une belle jeune fille un peu pâle. A les voir calmes, douces et souriantes, l'on dirait qu'elles cherchent à reprendre des forces. C'est qu'elles reviennent à la vie, après avoir vu la mort de bien près ; c'est qu'elles se trouvent heureuses, après avoir bu à la coupe de l'adversité. Elles éprouvent les sensations de quelqu'un qui s'éveille d'un cauchemar affreux.

Avons-nous besoin de les nommer ? Qui ne reconnaîtrait en elles Clémentine et sa mère ?... Un homme est assis aux pieds de Clémentine, c'est le marquis de Bolène. Le bonheur empreint sur son visage fait tellement rayonner son front, qu'il paraît rajeuni de dix ans. N'a-t-il pas raison d'être heureux ? C'est grâce à lui que les deux malades sont en pleine convalescence.

« Qu'elle charmante idée vous avez eue là, marquis, de nous amener ici ; comme la campagne fait du bien après tant de mois passés au lit dans une mansarde ! »

Le marquis sourit à cette pensée de Mme Marfeld, et demanda à Clémentine si elle aussi se trouvait bien chez lui ?

— Pouvez-vous en douter ? Ne voyez-vous

pas comme je redeviens forte et bien portante,
dans votre joli château d'Aiglemont? Et puis,
j'adore la campagne. Tenez, ajouta Clémentine,
je ne comprends pas que, possédant une aussi
jolie habitation, vous puissiez la quitter pendant sept grands mois pour aller dans cet affreux Paris?

— C'est que, ma chère Clémentine, un nid
n'est agréable qu'autant que l'on n'y est pas seul,
et moi, je suis ordinairement tout seul dans le
mien..... Aujourd'hui je trouve d'Aiglemont un
paradis, les autres années il me semblait une
prison. Oui, c'est affreux la solitude!!

— Mais, vous me disiez un jour, cher marquis, reprit Mme Marfeld, que le comble du bonheur était une liberté complète, qu'être seul au
monde avait un grand charme pour vous; car,
cela vous permettait d'aller où bon vous semblait, sans avoir à rendre compte à personne de
vos projets, sans laisser aucun regret derrière
vous.

—J'étais fou, Madame, et à présent je me dis que le comble du bonheur serait tout le contraire. Mais à quoi bon dire tout cela? ce sont des rêves!... parlons d'autre chose. Je suis chargé d'exécuter les ordres du médecin, une promenade en voiture vous est ordonnée tous les jours : il fait beau, l'air est doux, voulez-vous que je fasse atteler?

— Oui, oui! dirent les deux femmes, nous allons bien vite faire notre toilette, et puis nous sommes à vous.»

Il les suivit du regard. « Quel mystère, se disait-il, que le cœur d'une jeune fille! en voilà une qui, à peine échappée à la fièvre et au délire, me voit auprès d'elle, me tend la main, me sourit; elle me témoigne de la reconnaissance, me parle de mille choses.— Et du passé, pas un mot! de son fiancé, elle n'en prononce pas même le nom!! Depuis trois semaines qu'elle est ici, elle jouit de la campagne, elle semble revenir à la vie... Mais, dans toutes nos causeries, pas la moindre allusion au passé! Jamais elle ne laisse échapper un souvenir! Sa mère, pas plus que moi, n'y comprend rien... La nouvelle de l'infidélité de Raoul a-t-elle tué tout amour en elle? ou bien cet amour a-t-il résisté à toutes les déceptions? Quand je la vois rêveuse, je souffre; quand elle reprend sa gaîté, mon espoir reparaît. Ces émotions et cette incertitude me tuent... et pourtant je n'ai pas la force de m'en plaindre. Moi, qui passais pour un Lovelace, je me sens timide auprès de cette jeune fille! je n'ose pas lui avouer mon amour, car j'ai peur qu'elle ne me dise : Vous! vous m'aimez d'amour, quelle folie! Mais vous pourriez être mon père! comment voulez-vous que je vous épouse...? » Une autre crainte se mêle à celle-là, c'est que si je lui laisse deviner toute l'étendue de mon amour, elle est capable, par reconnaissance, par bonté d'âme, de se sacrifier, tout en n'ayant pour moi qu'une simple amitié... Cette idée me rend muet!! » Et il restait là, la tête appuyée dans ses mains, à réfléchir sur ce qu'il avait à faire.

« Eh bien! est-ce attelé, s'écria Clémentine en rentrant dans le salon.

— Étourdi que je suis! figurez-vous que j'ai même oublié d'en donner l'ordre!

— A quoi pensez-vous donc, mon ami, vous paraissez tout préoccupé?

— A quoi je songe, Clémentine, à mille choses.

— Dites m'en une seule pour commencer.

— Curieuse! vous ne le saurez pas ; du reste, en quoi cela peut-il vous intéresser?

— Fi, le méchant! croyez-vous que ce qui vous intéresse ne m'intéresse pas aussi?

— Eh bien, je songeais que si un jour vous quittiez ce château, il deviendrait bien triste sans vous! »

Clémentine le regarda de ses grands yeux, resta un instant silencieuse, et puis, comme pour détourner la conversation, elle dit en souriant : « De grâce, faites atteler, ma mère va descendre, et j'ai hâte de me promener. »

Le marquis s'éloignant en se demandant : « A-t-elle compris ? ou bien ne soupçonne-t-elle pas, dans son ingénuité, que je puisse avoir pour elle un autre sentiment que celui de la plus tendre amitié ?»

Dix minutes après, ils montaient tous trois dans une élégante calèche de promenade. Jacques les contemplait avec joie du haut du perron. On lui fit un petit geste d'amitié, car il était l'ami de la maison sans cesser d'être un serviteur dévoué. Aussi était-il enchanté d'être à Aiglemont, et de voir ses chères malades si bien soignées ? « Sans ce cher marquis, se disait-il souvent, que serions-nous devenus ? c'est Dieu qui nous l'a envoyé... » Et dans son honnête simplicité, devinant l'amour du marquis pour Clémentine, il faisait des vœux pour leur union. Avec lui, pensait-il, elle sera heureuse.

La vie que l'on menait à Aiglemont était char-

mante : une promenade en voiture chaque jour,
le soir de douces causeries, puis venait le tour
de la musique, et les journées s'écoulaient dans
une monotonie pleine de séductions. La santé
des deux femmes s'améliorait sensiblement ; Clémentine surtout semblait reprendre toute la vi-
gueur de la jeunesse. Lorsqu'elle chantait de sa
voix fraîche et sympathique, ses accents raison-
naient comme une céleste musique dans le cœur
du marquis. Depuis qu'il la voyait dans cette
constante intimité, sa passion n'avait fait que
grandir : il ne pouvait admettre l'idée de s'en
séparer, et il se demandait ce qu'il deviendrait,
si un jour ces dames, par excès de délicatesse,
prenaient le parti de le quitter pour aller s'établir ailleurs. Cette pensée le tourmentait cruellement, et il redoublait de soins pour rendre
plus agréable à ses hôtes le séjour du château.
Il fallait voir comme il devinait leurs désirs,
comme il prévenait leurs caprices et éloignait
d'elles toute préoccupation !

Aussi se laissaient-elles aller au charme de cette
vie nouvelle, et acceptaient-elles ses soins avec
reconnaissance. Clémentine témoignait toujours
au marquis la plus vive amitié; mais il était impossible de distinguer si cette amitié était restée
la même qu'autrefois, ou bien, si dans la jeune
fille, avertie du changement du marquis à son
égard, cette amitié s'était aussi transformée en
un autre sentiment. Il était même impossible de
deviner si elle comprenait l'amour du marquis
et si elle se croyait capable d'y répondre.

Souvent il hasardait un mot tendre ; alors ses
grands yeux étonnés se fixaient sur lui purs et
candides, et il n'osait plus achever sa pensée.

Il souffrait, ce pauvre marquis, car il passait
sans cesse de l'espoir à l'incertitude. Pourtant,
cette souffrance avait un charme indicible pour
lui. Celle qu'il aimait était là, près de lui, personne ne pouvait lui ravir son trésor; il pouvait
le voir, s'enivrer de sa présence, respirer ce

doux parfum que la beauté répand autour d'elle.

Un jour, l'air était si tiède, le soleil si brillant, que Clémentine s'était installée dans un petit kiosque de verdure et couchée à demi sur un banc ; elle lisait un volume des *Méditations* de Lamartine. Le marquis vint la rejoindre. Il s'arrêta, étouffant le bruit de ses pas. Elle ne l'avait pas entendu approcher, tant elle lisait attentivement.

Le marquis se souvint du jour où il l'avait vue, presque dans la même pose, au jardin de l'avenue de Neuilly, et où pour la première fois il s'était aperçu qu'il l'aimait d'amour.

Mais alors elle était la fiancée d'un autre, aujourd'hui la situation avait changé. Je n'ai plus de rival, pensait-il, qui sait si je n'ai pas remplacé peut-être dans son cœur une image que le temps a pu en effacer. Du reste l'incertitude me tue et il vaut mieux en finir. Il s'approcha de Clémentine et vint se mettre à genoux au-

près d'elle, il prit sa main et la couvrit de baisers.

Elle le regardait avec un tendre sourire, mais
rien ne trahissait en elle un autre sentiment.
« Comment avez-vous fait pour découvrir ma
retraite, lui dit-elle ?

— Mon cœur, Clémentine, vous retrouverait
au bout du monde... Il faut me pardonner si je
suis venu troubler votre solitude ; je ne puis
plus vivre sans vous. Si vous saviez combien je
vous aime !! Sa voix tremblait en faisant cet
aveu.

— Mais je l'ai deviné, dit Clémentine, et con-
venez que je n'ai pas un grand mérite à cela ?

— Serait-il possible, Clémentine ! vous avez
deviné toute l'étendue du sentiment que je vous
porte !! » Et il attendait la réponse avec une
anxiété facile à comprendre.

Elle se tut un instant, puis reprit sans le
moindre embarras : « Comment voulez-vous
que je ne sache pas que vous nous êtes profon-

dément dévoué, que vous êtes un bon et noble ami, quand je pense à tous les soins dont vous nous entourez depuis quatre mois.

— Mais non, Clémentine, vous ne me comprenez pas ; ce n'est pas seulement de l'amitié, du dévouement que j'ai pour vous; c'est un amour ardent, insensé...

— Dieu ! que vous me croyez peu perspicace, interrompit la jeune fille, et elle se mit à rire avec un peu d'intention de raillerie.

— Eh bien ! si vous l'avez deviné, dites-moi, je vous en conjure, si vous me permettez de vous aimer ainsi? »

A cet instant, un gros pas lourd se fit entendre sur le sable de l'allée. Le marquis se leva impatienté et s'assit auprès de Clémentine, en maudissant celui qui venait ainsi les troubler.

Jacques parut une lettre à la main. « Monsieur le marquis, un homme du village voisin vient d'apporter cette lettre, il dit que le Monsieur qui l'envoie lui a recommandé d'attendre la réponse.

— Du village voisin ! qui donc peut m'écrire ? dit le marquis étonné. Il prit la lettre, considéra la lettre attentivement. Clémentine, qui le regardait, le vit pâlir et rougir à la fois.

— Non, non, c'est impossible ! murmurat-il.

— Qu'est-ce donc, demanda la jeune fille ?

— Rien, rien, Clémentine, mais il faut que je vous quitte un instant, je monte chez moi pour lire cette lettre et y répondre. Il prit sa main, la baisa, puis se détourna pour fixer sur elle un long regard qui la fit frissonner.

— Que veut dire tout cela ? se dit Clémentine quand il fut parti ; je crois qu'il avait des larmes dans les yeux. De qui peut être cette lettre ? je crains un malheur. »

Elle aussi, devint triste et rêveuse, et quitta le pavillon pour rentrer au château, car elle avait hâte de savoir ce qu'annonçait cette lettre,

dont l'adresse seule avait tellement troublé son
ami.

Nous rejoindrons le marquis de Bolène dans
son cabinet de travail, où il s'était retiré, afin
d'avoir plus vite la clé de ce mystère. Jacques
est avec lui, tous deux ont l'air bouleversé. Le
marquis ressemble à un trépassé, une pâleur
mortelle couvre ses traits.

« Oui, Jacques, mon ami, il n'est pas mort,
Raoul; il me dit seulement qu'à la suite d'un
accident, il est resté trois mois entre la vie et la
mort. Qu'à peine hors de danger, il avait écrit
à Clémentine, mais que ne recevant pas de réponse, inquiet et étonné de ce silence, il avait
pris le chemin de fer, il était venu à Paris. Là,
il avait appris que ces dames avaient été très-
malades, qu'elles se trouvaient maintenant à la
campagne chez un ami. La fatigue du voyage
lui ayant occasionné une rechute, il fut obligé
de garder le lit pendant un mois encore, et ce
n'est que tout récemment qu'il venait d'appren-

dre que ces dames se trouvaient chez moi à Aiglemont ; qu'il arrivait tout heureux de revoir
enfin sa chère fiancée, mais qu'il me priait de la
préparer à ce retour inattendu. .

— Mais que voulait donc dire cette lettre que
vous savez ? Il n'en parle même pas !...

— Non, il n'en dit pas un mot. Voici ce que
je suppose : C'est qu'il ignore que cette lettre
ait été écrite ; il croit que Clémentine ne sait
rien, et il veut lui laisser tout ignorer.

— Oui, mais il sera bien attrappé, et il verra
comme Mademoiselle le recevra !

— Hélas non, mon pauvre Jacques, je vais te
dire ce qui va arriver : Clémentine le reverra et
l'aimera de nouveau, car il saura plaider sa
cause ; elle lui pardonnera et l'épousera.

— Mais ce serait affreux ! et vous qui l'aimez
tant, vous qui lui avez si bien prouvé la sincérité
de votre amour, elle vous abandonnerait ainsi !
elle ferait votre malheur ! Pour devenir la femme
d'un homme, qui, trois mois après l'avoir

quittée, s'engageait à épouser une fille de rien…
Oh non ! Mademoiselle ne fera pas cela, elle a
trop de cœur et de dignité.

— Hélas, oui elle le fera ! ! Que veux-tu Jacques, elle aime Raoul, ce fut son premier amour;
il est jeune, il est beau, et moi, je ne suis rien
de tout cela. Elle ignore même mon amour.

— Qu'en savez-vous, Monsieur le marquis?
Moi, voyez-vous, qui ne suis qu'un gros
paysan, je me suis bien aperçu pourtant,
combien vous l'aimiez; comment voulez-vous,
qu'elle, qui a tant d'esprit, ne l'aie pas deviné
aussi?

— Vois-tu, mon bon Jacques, mon cœur sai-
gne horriblement. Je sens que cette journée va
être un jour néfaste pour moi. Elle sautera de
joie en apprenant que Raoul vit encore, qu'il
est là à une heure d'ici, qu'il va arriver et se
jeter à ses pieds. Elle lui pardonnera et dans
quelques semaines il deviendra son mari.

Dieu m'est témoin que, si je savais qu'elle

dût être heureuse avec lui, je me résignerais à cela. Mais, celui qui n'a pu résister aux séductions d'une courtisane, qui a perdu, sous l'empire de ses charmes, sa raison et son honneur, celui-là n'est pas digne d'être le mari de Clémentine; car il se laissera entraîner de nouveau, et la pauvre enfant sera encore une fois délaissée, pour la première fille qui essayera de le séduire... Raoul est jeune ; jusqu'à présent il n'avait pas connu les entraînements de la jeunesse, maintenant qu'il a goûté à cette coupe empoisonnée, il y boira encore... C'est ce qui me désole et m'inquiète.

Un vieux proverbe dit : Qu'il faut que jeunesse se passe... Le proverbe a raison et il n'en exclut pas les gens mariés.

Clémentine, avec sa nature bonne et aimante, aura cruellement à souffrir, Raoul la rendra malheureuse, tout en l'aimant peut-être; et moi, qui l'aime si sincèrement, j'assisterai au triste spectacle d'un ménage malheureux. Oui, mon bon Jacques, il n'est pas de douleur plus grande que celle de se voir enlever par un autre, celle qu'on aime, celle pour qui on donnerait sa vie !

— Mais, Monsieur le marquis, il faut empêcher ce mariage ; il faut l'empêcher à tout prix ! il faut parler à Mme Marfeld, lui dire tout ce que vous savez ; elle fera comprendre à Mademoiselle, qu'elle ne doit point épouser M. Raoul.

— Non, Jacques, je ne puis faire cela, car ce serait indélicat de ma part ; la reconnaissance pourrait influer sur la décision de Clémentine, et si elle venait à m'épouser, tout en aimant encoreRaoul, un jourviendrait, où elle me regarderait comme son ennemi et me reprocherait la perte de son bonheur... Oh, vois-tu, il est une chose qui doit être plus terrible encore que de voir épouser par un autre celle qu'on aime, c'est de devenir le mari d'une femme qu'on adore, et de savoir que, pauvre victime, elle subit votre amour et ne le partage point !...

Non, je ne m'exposerai pas à cela, je me dévouerai jusqu'à la fin et Clémentine ne saura jamais ce qui se passe en moi. Je vais lui annoncer que Raoul n'est pas mort, qu'il arrive ; étudier l'impulsion de son cœur. Si elle l'aime assez pour lui pardonner, qu'elle l'épouse ! Je cacherai si bien mon désespoir, qu'elle n'aura pas même le chagrin d'un remords. Quand elle sera mariée, je dirai à Mme Marfeld : « Ce jeune couple est sans fortune, ils vont être exposés à mille désagréments, il leur faut un espoir et un guide. Pour que je puisse accepter ce rôle, il faut que j'en aie le droit. Épousez-moi, vous serez ma compagne et ma sœur ; alors nous pourrons veiller ensemble sur eux, et je laisserai ma fortune à votre fille, que j'aime comme mon enfant.

Mme Marfeld aime Clémentine, elle comprendra mon intention... et j'aurai la consolation de pouvoir toujours veiller sur celle que j'aime... Tu es mon ami, Jacques, tu es un bon et noble cœur : voyons, ne m'approuves-tu pas ?

— Quoi ! vous l'aimez assez pour faire cela ?

25.

— Oui, Jacques, je l'aime par dessus tout au monde ! Et dire qu'elle n'en saura rien !.....

Il faut donc avoir du courage. Descends chez ces dames et préviens-les que j'ai à leur parler. J'annoncerai avec tous les ménagements possibles, à Clémentine, que Raoul vit, qu'il demande à la voir. Pour le reste, je m'en rapporte à la Providence. »

A ce moment, la portière du cabinet où était le marquis s'agita un peu, un pas léger qui s'éloignait avec précaution se fit entendre, mais les deux hommes étaient si préoccupés de leurs impressions, qu'ils n'y prirent même pas garde.

Clémentine, comme nous l'avons dit, se sentit inquiète et mal à son aise. Curieuse de savoir ce qui se passait, elle questionna les domestiques et apprit que le marquis était dans son cabinet de travail.

Elle voulut l'y rejoindre, mais arrivée à la porte du cabinet, elle s'arrêta. La conversation qu'elle entendit la cloua sur place. Peut-être

bien la discrétion lui aurait commandé de s'éloigner ! mais elle était femme, et ce qu'elle enten-
dait l'intéressait si fort, que, ma foi, il faut bien
lui pardonner de ne pas l'avoir fait.

Le marquis la retrouva assise dans le salon,
cachant son trouble sous l'apparence d'une profonde indifférence. Elle s'occupait à assortir les
laines de ses broderies. Mme Marfeld lisait.

Ému et tremblant, le marquis s'approcha
d'elle : ce fut en vain qu'il essaya de raffermir
sa voix. Son émotion trahissait le trouble de son
âme. Cependant, avec tous les détours et les
ménagements possibles, il leur apprit que c'était
à tort qu'on avait cru Raoul mort, qu'il n'avait
été que très-gravement malade ; et, qu'à peine
rétabli, sa première pensée avait été pour elles.

Mme Marfeld poussa un cri de surprise ; Clémentine resta muette, se contentant de cacher
un peu plus sa tête dans ses broderies.

Le marquis continua, s'adressant à Mme Marfeld : « Raoul est ici tout près, dans les envi-

rons, et il demande à revoir sa fiancée. Que faut-il que je lui réponde, Madame ? » En disant cela, il n'osait pas regarder Clémentine.

— C'est à ma fille qu'il faut adresser cette question, je la laisse complètement libre de ses sentiments. Elle seule sait ce qui se passe dans son cœur ; et si l'odieuse conduite de [celui qui était son fiancé, n'a pas tué son amour, je ne veux pas influencer sa décision. C'est de son bonheur surtout qu'il s'agit.

— Je vous remercie, ma mère, dit Clémentine, de la liberté que vous me laissez, veuillez, pour toute réponse, renvoyer ces deux lettres au vicomte de Verdois. » Et elle sortit d'un portefeuille la promesse de mariage de Raoul et la lettre de Julia. « Dites-lui, aussi que celui qui a déposé aux pieds de la Julia Vioretti son cœur et son nom, n'est plus qu'un étranger pour moi. Il a repris la parole qu'il m'avait donnée, je suis donc dégagée, moi aussi ; nous sommes libres tous les deux. Dites-lui aussi qu'il est inutile qu'il cherche à me revoir, car celui que j'ai aimé de toutes les forces de mon âme est mort pour moi, et que je n'ai plus pour l'amant de la Julia Vioretti qu'une parfaite indifférence.

Le marquis poussa son amour pour Clémentine, jusqu'à l'exagération : « Sondez bien votre cœur, lui dit-il, ne laissez pas à votre dépit le soin de donner une décision que vous regretterez peut-être un jour. Raoul vous aime sans doute encore, et il est trop jeune pour qu'on ne puisse lui pardonner un entraînement involontaire.

— Non, marquis, je n'ai pas besoin de sonder mon cœur, il ne saurait aimer ce qu'il ne peut estimer, et depuis longtemps l'image de Raoul est effacée de mon souvenir. »

Malgré lui, le marquis, tout rayonnant de joie, s'approcha d'elle, prit sa main dans les siennes, et lui dit d'une voix tremblante d'émotion : « Bien vrai, Clémentine, vous ne l'aimez plus?...

— Mais non, ami, je ne l'aime plus et si vous en voulez la preuve, je vous dirai que depuis deux mois j'en aime un autre.

— Un autre ! fit le marquis.

— Comment! vous ne devinez pas? Mon Dieu êtes vous aveugle? et faudra-t-il que je vous dise son nom? Et elle le regardait tendre ment.

— Dites ce nom, Clémentine, car je n'ose y croire.

— Eh bien! il s'appelle le marquis de Bo- lène. »

Le marquis tomba à ses genoux en versant des larmes de joie. « Décidément, dit-il, le bon- heur ne tue pas ! Merci, ma douce et bonne Clé- mentine, d'avoir deviné tout l'amour que j'ai pour vous; croyez que ma vie entière vous sera consacrée.

— Vous n'avez pas besoin de me le dire, je sens bien qu'avec vous je serai heureuse, » et elle lui serra les mains avec tendresse.

Mᵐᵉ Marfeld était toute émue de cette scène inattendue.

Le marquis se releva et s'adressant à elle, il lui dit : « Voulez-vous, Madame, m'accorder la main de votre fille ?

— Avec la plus grande joie, cher marquis, et maintenant, quand Dieu voudra me rappeler à lui, je quitterai cette terre sans inquiétude, car je suis tranquille pour l'avenir de ma chère enfant. Moi aussi, j'ai su apprécier votre grandeur d'âme, vos bonnes et vos nobles qualités... et je remercie le ciel de la bonne inspiration de ma fille.

— Je vous disais bien, Monsieur le marquis, dit Jacques qui assistait à cette scène dans un coin du salon, je vous le disais bien, je vous le disais bien... Le brave homme, étouffé par la joie et le contentement, ne pouvait en dire davantage.

— Oui Jacques, tu avais raison, mais je ne pouvais croire à tant de bonheur !

— Tu ne nous quitteras plus, n'est-ce pas mon bon et brave Jacques, dit Clémentine en lui serrant la main, nous t'aimons trop et nous ne pouvons nous passer de toi.

— Moi, vous quitter, Mademoiselle ! Comment pourrai-je avoir cette pensée ? Vous êtes tous trois ce que j'aime le plus au monde !

— Oh ! je connais bien encore une personne que tu aimes, vilain sournois... lui dit le marquis en riant.

Jacques devint tout rouge et tout confus.

« Oui, oui, ma chère Clémentine, j'ai surpris son secret, et ma foi je vais le dévoiler... Jacques n'est pas insensibles aux beaux yeux et au frais minois de Rosette, la fille du fermier.

— Vraiment, mon ami ? eh bien, tant mieux, nos mariages se célèbreront le même jour.

— Oh ! Mademoiselle, j'aime bien Rosette, ça c'est vrai, mais je comprends bien, qu'une jolie fille comme elle, ne pourra avoir de l'amour pour un gros lourdaud comme moi, et je me suis résigné à ne jamais le lui dire.

— Tu es trop modeste, Jacques, tu n'es pas beau, c'est vrai ; mais tu es si bon et si dévoué, que Rosette serait bien ingrate si elle ne te payait d'un peu de retour.

— Mon ami, dit le marquis, quoi qu'il arrive, laisse-moi t'offrir la petite ferme que tu connais et ses dépendances, Mme de Bolène se chargera du trousseau de Rosette.

— Merci, Monsieur le marquis, vous êtes mille fois trop bon, pour moi ; mais, voyez-vous, je préfère encore rester avec vous et ces dames.

— Mais tu seras toujours avec nous, mon brave Jacques, et je te promets même que si j'ai des enfants, ils seront confiés à tes soins.

— Alors, j'accepte ; mais je crains bien que Rosette ne veuille pas de moi.

— Nous verrons cela ! répondirent le marquis et Clémentine en riant. »

Mme Marfeld écrivit au viconte de Verdois

dans le sens indiqué par sa fille; celui-ci fut tout confus et étonné de la réponse. Malgré sa passion pour Julia, il aimait toujours Clémentine et ne pouvait se résigner à la perdre. « Comme les femmes sont inconstantes, se disait-il en retournant à Paris! elle m'aimait tant... et voilà qu'elle en épouse un autre! Il faisait de bonne foi ces reproches à Clémentine, lui qui avait voulu se suicider parce que la Julia lui refusait sa main!!

Oui, les hommes sont étonnants, ils se croient tout permis, inconstance, trahison, parjure, folies de toutes sortes, et ils voudraient empêcher les femmes de trouver cela mal, et les forcer à les adorer quand même! . . . . .

Un mois après les événements que nous venons de raconter, le curé du village d'Aiglemont, bénissait la double union, du marquis de Bolène et de Mlle Marfeld et de Jacques Durand et Rosette Ferry.

Le château d'Aiglemont devint un vrai paradis terrestre, le bonheur le plus parfait y régnait. Le marquis adorait sa femme et lui disait souvent : « Tu vois que je n'ai plus envie de quitter mon nid. « Ni l'un ni l'autre n'avait le désir de retourner à Paris, tant ils craignaient de troubler leur bonheur en le déplaçant. Clémentine fit l'heureuse expérience que si l'homme de quarante ans est moins séduisant que celui de vingt-cinq, en revanche il est constant, dévoué, rachetant par un amour profond et inaltérable le léger défaut de ses cheveux blancs.

. . . .

. . . .

. . . .

. . . .

Six mois plus tard, les vœux du comte de Verdois étaient exaucés, Raoul épousait là fille d'un gros marchand enrichi, du boulevard Saint-Denis.

Le marché f t vite conclu : le vicomte apportait son titre, la jeune fille soixante mille livres de rentes et des espérances.

Ce mariage eut le sort commun à toutes les associations de ce genre. Au bout de quelques mois, le mari entretenait une ravissante actrice du Palais-Royal, et Madame avait, disaient les mauvaises langues, des bontés pour un jeune attaché d'ambassade.

Que devint la Julia? On dit qu'elle se fit épouser par son général russe, puis qu'elle vint habiter Paris. Là elle se mit dans les bonnes œuvres, devint exclusive et intolérante au point de se faire une réputation de sainteté dans le monde dévot. En digne et bonne épouse qu'elle était, elle adorait son mari. Suivant en tout la direction d'un abbé dont l'assiduité fut pourtant

remarquée par quelques gens mal intention-
nés.

Probablement elle finit par convertir le général, mais les détails nous manquent à ce
sujet.

FIN.

Paris. — Imp. Balitout, Questroy et Cᵉ, 7, rue Baillif et rue de Valois, 18.

9 782019 990367